AUTORE

Carlo Cucut è nato a Nole (TO) nel 1955. Ha coltivato la passione per la storia sin da ragazzo e negli anni ha approfondito questo interesse dedicandosi alla ricerca storica. Ha pubblicato articoli sulle riviste: "Storia del XX Secolo", "Storie & Battaglie", "Milites" e "Ritterkreuz". In campo editoriale ha pubblicato vari volumi per Marvia Edizioni: "Penne Nere sul confine orientale. Storia del Reggimento Alpini "Tagliamento" 1943-1945", vincitore del Premio De Cia; "Attilio Viziano. Ricordi di un corrispondente di guerra"; "Forze Armate della RSI sul fronte orientale"; "Forze Armate della RSI sul fronte occidentale"; "Forze Armate della RSI sulla linea Gotica"; "Alpini nella Città di Fiume 1944-1945". Per il Gruppo Modellistico Trentino ha pubblicato "Le forze armate della RSI 1943-1945. Forze di terra".

Carlo Cucut was born in Nole (TO) in 1955. He cultivated a passion for history as a boy and over the years has deepened this interest by dedicating himself to historical research. He published articles in the italian magazines: "Storia del XX Secolo", "Storie & Battaglie", "Milites" and "Ritterkreuz". He published various volumes for Marvia Edizioni: "Penne Nere on the eastern border. History of the Alpini's Regiment "Tagliamento" 1943-1945 ", winner of the "De Cia" Award; "Attilio Viziano. Memories of a war correspondent "; "Armed Forces of RSI on the eastern front"; "Armed Forces of RSI on the Western Front"; "Armed Forces of RSI on the Gothic Line"; "Alpini in the City of Rijeka 1944-1945". For the Trentino Modeling Group he published "The armed forces of RSI 1943-1945. Land forces ".

PUBLISHING'S NOTES

None of unpublished images or text of our book may be reproduced in any format without the expressed written permission of Luca Cristini Editore (already Soldiershop.com) when not indicate as marked with license creative commons 3.0 or 4.0. Luca Cristini Editore has made every reasonable effort to locate, contact and acknowledge rights holders and to correctly apply terms and conditions to Content.

Every effort has been made to trace the copyright of all the photographs. If there are unintentional omissions, please contact the publisher in writing at: info@soldiershop.com, who will correct all subsequent editions.

Our trademark: Luca Cristini Editore@, and the names of our series & brand: Soldiershop, Witness to war, Museum book, Bookmoon, Soldiers&Weapons, Battlefield, War in colour, Historical Biographies, Darwin's view, Fabula, Altrastoria, Italia Storica Ebook, Witness To History, Soldiers, Weapons & Uniforms, Storia etc. are herein @ by Luca Cristini Editore.

LICENSES COMMONS

This book may utilize part of material marked with license creative commons 3.0 or 4.0 (CC BY 4.0), (CC BY-ND 4.0), (CC BY-SA 4.0) or (CC0 1.0). We give appropriate attribution credit and indicate if change were made in the acknowledgments field. Our WTW books series utilize only fonts licensed under the SIL Open Font License or other free use license.

For a complete list of Soldiershop titles please contact Luca Cristini Editore on our website: www.soldiershop.com or www.cristinieditore.com. E-mail: info@soldiershop.com

Titolo: **LE ARTIGLIERIE DELLE FORZE ARMATE DELLA REPUBBLICA SOCIALE ITALAIANA**
Code.: **WTW-018 IT** Di Carlo Cucut
ISBN code: 978-88-93276603 prima edizione Ottobre 2020
Lingua: Italiano Nr. di immagini: 112 dimensione: 177,8x254mm Cover & Art Design: Luca S. Cristini

WITNESS TO WAR (SOLDIERSHOP) is a trademark of Luca Cristini Editore, via Orio, 35/4 - 24050 Zanica (BG) ITALY.

WITNESS TO WAR

LE ARTIGLIERIE DELLE FORZE ARMATE DELLA REPUBBLICA SOCIALE ITALIANA

PHOTOS & IMAGES FROM WORLD WARTIME ARCHIVES

CARLO CUCUT

BOOKS TO COLLECT

INDICE

Prefazione..5
Premessa..6
Classificazione Artiglierie..7
Artiglierie divisionali, d'accompagnamento, da posizione costiera.....................8
   Artiglierie italiane...9
      Cannone da 65/17..9
      Obice da 75/13..9
      Obice da 75/18..10
      Cannone da 75/27 modello 906 e modello 911..11
      Obice da 100/17..13
      Obice da 100/22..14
      Cannone da 105/28...14
      Cannone da 105/32...15
      Obice da 149/13..15
      Obice da 149/12..16
      Obice da 149/19..16
      Cannone da 149/35...17
      Mortaio da 210/8..18
   Artiglierie straniere...45
      Cannone da 7,5 cm. le IG 18 (leichte Infanterie Geschutz)......................45
      Cannone da montagna da 7,5 cm GebG 36...45
      Obice da 10,5 cm. le FH 18 (leichte Feld Haubitze).................................45
      Obice da 15 cm sIG-33 (15 cm schweres Infanterie Geschütz 1933)........46
      Cannone da 76,2 M1939...46
      Cannone da 105/27 di preda bellica...47
Artiglierie controcarro...48
   Artiglierie italiane...49
      Cannone da 47/32..49
   Artiglierie straniere...50
      Fucile controcarro S da 20 mm..50
      Cannone Hotchkiss da 25/72 modello34 e modello37..............................50
      Cannone 3,7 cm. PaK – 35/36..51
      Cannone da 45 mm M1937 (53-k)..51
      Cannone da 7,5 cm. PaK 40..52
Artiglierie contraeree...65
   Artiglierie italiane...65
      Cannone - Mitragliera Breda da 20/65 modello35....................................65
      Cannone - Mitragliera Scotti-Isotta Fraschini - O.M. da 20/70................66
      Cannone - Mitragliera Breda da 37/54..67
      Cannone da 75/46..67
      Cannone da 76/40..68
      Cannone da 90/53..68
   Artiglierie straniere...70
      Cannone – Mitragliera da 20/65 Flak 30–38, FLAKVIERLING................70
      Cannone - Mitragliera Oerlikon da 20/70...71
      Cannone Flak-18 da 8,8 cm..71
Conclusioni..96
Bibliografia...97

PREFAZIONE

Tra gli appassionati di storia militare, ma anche tra i modellisti, lo studio dell'Artiglieria italiana spesso appare in second'ordine rispetto ad argomenti ritenuti di maggiore importanza o di maggiore impatto emotivo. Negli ultimi anni questa tendenza si è un po' invertita e sono comparsi interessanti monografie, dedicate all'artiglieria durante la guerra di Spagna ed a quella del Regio Esercito del secondo conflitto mondiale, pubblicazioni che in parte hanno colmato questa lacuna storiografica, lasciando però ancora ampio spazio all'approfondimento di questa tematica particolare per il periodo che va dopo l'Armistizio, un arco temporale di due anni che ancora oggi non è stato studiato in maniera completa né sul fronte delle unità della Repubblica Sociale, né su quello dei reparti cosiddetti "cobelligeranti".

Per questo motivo quando Carlo Cucut mi ha proposto questo su studio monografico sulle artiglierie impiegate dai reparti della Repubblica Sociale Italiana, ho pensato immediatamente di proporlo alla collana "Witness To War", conoscendo ormai da anni la perizia con cui l'autore si dedica alle sue personali ricerche. Questo volume, sebbene concepito con intenti divulgativi, in effetti va a coprire in maniera esaustiva l'argomento, con un dettagliato approfondimento dell'uso anche dei singoli pezzi da parte dei più remoti reparti, permettendo agli appassionati di avere un quadro completo dell'uso dei cannoni non solo da fanteria, ma anche controcarro ed antiaerei, da parte di reparti dell'Esercito, della Marina e dell'Aeronautica Nazionale Repubblicana.

Paolo Crippa

PREMESSA

Il presente studio intende colmare, o almeno cercare di colmare parzialmente, una lacuna relativa alla dotazione di artiglieria presente nei Reparti delle Forze Armate della Repubblica Sociale Italiana.

Si tratta di un argomento di difficile valutazione poiché, ad eccezione delle quattro Divisioni addestrate in Germania ed equipaggiate sulla base di tabelle di armamento ben definite, tutti i Reparti che hanno combattuto sotto la bandiera della R.S.I., non avevano un ordine di battaglia definito da tabelle di armamento, ma erano piuttosto armate con quello che avevano trovato o recuperato durante i mesi della ricostruzione.

Si tratta quindi di Reparti dove magari era presente solo un singolo pezzo di artiglieria, insignificante sul piano statistico, fondamentale però per l'operatività del Reparto stesso e per il compito ad esso assegnato.

Occorre poi aggiungere che la quasi totalità dei diari di guerra dei singoli Reparti è stata distrutta o è andata dispersa, e i pochi reduci rimasti molte volte non desiderano riaprire vecchie ferite mai completamente rimarginate.

Ecco quindi come, questo scritto, non può essere esaustivo della materia trattata, ma vuole essere solamente una base di partenza dalla quale iniziare un percorso di approfondimento che possa portare ad un risultato migliore di quanto possa essere stato quello sin qui raggiunto.

Carlo Cucut

CLASSIFICAZIONE ARTIGLIERIE

Riprendendo la classificazione che deriva dall'impiego delle artiglierie, si possono distinguere:
- Artiglierie Divisionali (suddivise tra le varie specialità: fanteria, da montagna, ecc.)
- Artiglierie di Corpo d'Armata pesanti campali
- Artiglierie di Armata pesanti
- Artiglierie Contraerei
- Artiglierie da posizione e posizione costiera

Se queste distinzioni avevano valore nell'ambito del Regio Esercito, strutturato su Divisioni, Corpi d'Armata, Armata, ben diversa era la situazione all'interno delle Forze Armate della R.S.I., dove erano presenti quattro Divisioni, su due Reggimenti di specialità e uno di Artiglieria, una Divisione delle SS Italiane, ampliamento di una Brigata su struttura ternaria, la Divisione di Fanteria di Marina "Decima", anch'essa strutturata su struttura ternaria, e un numero rilevante di Reggimenti e Battaglioni non indivisionati dall'organico ed armamento quanto mai eterogeneo.

Anche l'Artiglieria Contraerei (Ar.Co.), che era strutturata su Gruppi autonomi, e i Gruppi di Artiglieria da Posizione Costiera erano sostanzialmente dei Gruppi autonomi, inseriti, la prima, all'interno del complesso di difesa antiaerea che faceva riferimento alla struttura della Flak Italia, e i secondi inseriti all'interno delle Brigate da Fortezza tedesca o dei Reparti italiani.

È quindi chiaro che la suddivisione delle artiglierie, basata sul criterio precedentemente illustrato, non può avere alcun valore se calata nella realtà della Repubblica Sociale Italiana.

Si è quindi preferito non seguire la logica rigida della classificazione, ma seguire piuttosto un'elencazione riferita ad una diversa catalogazione delle artiglierie sulla base di queste indicazioni:
- Artiglierie divisionali, d'accompagnamento, da posizione costiera
- Artiglierie controcarro
- Artiglierie contraeree

Tutto questo sempre tenendo presente che quanto scritto è passibile di errori e/o omissioni e certamente non può essere assunto come sintesi finale e definitiva della materia.

Nota importante
Nel testo, quando non è certo il numero dei pezzi, o delle batterie, è stato indicato il punto interrogativo (?).

ARTIGLIERIE DIVISIONALI, D'ACCOMPAGNAMENTO, DA POSIZIONE COSTIERA

In questa sezione sono stati classificati tutti i pezzi, cannoni o obici, in dotazione ai Reggimenti Artiglieria della quattro Divisioni addestrate in Germania, nel Reggimenti Artiglieria della Divisione "Decima" e nel Reggimenti Artiglieria della Divisione "SS" Italiane, oltre ai Gruppi di Artiglieria da Posizione Costiera e a tutti quei Reparti, non indivisionati, che hanno comunque utilizzato dei pezzi di artiglieria durante lo svolgimento della loro attività operativa. In alcuni casi sono stati segnalati piccoli Reparti che hanno avuto in dotazione anche solo un pezzo di artiglieria, in altri casi si sono segnalati dei Reparti nei quali si è a conoscenza che erano presenti dei pezzi ma non si conosce il numero.

ARTIGLIERIE ITALIANE

Cannone da 65/17

Adottato nel 1911, cominciò nel 1913 ad essere distribuito ai Reparti. Primo pezzo d'artiglieria a deformazione del Regio Esercito progettato e costruito interamente in Italia, costituì l'armamento tipo dell'artiglieria da montagna per tutta la durata della I Guerra Mondiale. Il difetto principale del pezzo era il ridotto settore di tiro verticale, di soli 20° positivi, assolutamente insufficienti nel tiro in montagna. Dopo la guerra venne sostituito dall'obice da 75/13, rimanendo in servizio nei Gruppi di Artiglieria someggiata da campagna. Venne impiegato massicciamente in Abissinia e Spagna. Durante la II Guerra Mondiale venne impiegato su tutti i fronti, anche come pezzo anticarro, venendo installato anche su autocarri o camionette, oltre che installato nelle fortificazioni permanenti.

Dati tecnici cannone da 65/17
Peso pezzo in batteria: 556 kg
Settore di tiro verticale: -7° + 20°
Settore di tiro orizzontale: 8°
Peso granata: 4,2 kg
Velocità iniziale: 348 m/s
Gittata massima: 6,5 km, 500 m nel tiro controcarro

Nelle Forze Armate della R.S.I. il cannone da 65/17 venne impiegato dalle seguenti unità:
- Divisione Bersaglieri "Italia": 3 pezzi (probabilmente al Gruppo Esplorante)
- Divisione Fanteria di Marina "Decima": Battaglioni "Barbarigo" – V Compagnia: 4 pezzi
- 1a Batteria someggiata – Reparto autonomo dislocato ad Opicina (TS): 4 pezzi
- I (LI) Battaglioni Bersaglieri Difesa Costiera – dislocato a difesa di Genova: (?) pezzi
- Legione Autonoma Mobile "Ettore Muti": 1 pezzo

Obice da 75/13

L'obice Skoda da 75/13 è stato il materiale regolamentare dei Gruppi di Artiglieria da montagna per quasi 40 anni. Venne catturato in grandi quantità dopo la vittoria di Vittorio Veneto ed acquisito in conto riparazioni danni di Guerra dall'Austria. Venne distribuito sia ai Gruppi di artiglieria da montagna sia ad un Gruppo someggiato delle Divisioni di fanteria ed impiegato su tutti fronti, tranne che in Africa Settentrionale.

Dati tecnici obici da 75/13
Peso pezzo in batteria: 613 kg
Settore di tiro verticale: -10° + 50°

Settore di tiro orizzontale: 7°
Peso granata modello 32: 6,3 kg
Velocità iniziale: 378 m/s
Gittata massima: 8,2 km

Nelle Forze Armate della R.S.I. l'obice da 75/13 venne impiegato dalle seguenti unità:
- 1ª Divisione Bersaglieri "Italia" - 4° Reggimento Artiglieria:
  - o I Gruppo Obici 3 Batterie: 12 pezzi
- 2ª Divisione Alpini/Granatieri "Littorio" - 2° Reggimenti Artiglieria:
  - o I Gruppo da Montagna "Gran Sasso": 2 Batterie - 8 pezzi
  - o II Gruppo da Montagna "Romagna": 2 Batterie - 8 pezzi
  - o III Gruppo da Montagna "Verona": 3 Batterie - 12 pezzi
- 3ª Divisione Fanteria di Marina "San Marco" - 3° Reggimento Artiglieria:
  - o I Gruppo someggiato: 3 Batterie - 12 pezzi
- 4ª Divisione Alpina "Monterosa" - 1° Reggimento Artiglieria[1]:
  - o I Gruppo someggiato "Aosta": 3 Batterie - 12 pezzi
  - o II Gruppo someggiato "Bergamo": 3 Batterie - 12 pezzi
  - o III Gruppo someggiato "Vicenza": 3 Batterie - 12 pezzi
- Divisione Fanteria di Marina "Decima" - Reggimento Artiglieria "Condottieri":
  - o Gruppo Artiglieria "Colleoni": 1 Batteria - 3 pezzi
  - o Gruppo Artiglieria "San Giorgio": 1 Batterie - 4 pezzi
  - o Gruppo Artiglieria "Da Giussano": 2 Batterie - 8 pezzi[2]
- 29a Waffen-Grenadier Division der SS – Italienische n.1 – Reggimento d'Artiglieria: 2 Gruppi su 2 Batterie ciascuno - (?) pezzi
  - Gruppo da Combattimento "Cassanego" (Balcani): 5 pezzi
  - Raggruppamento Anti Partigiani - X Gruppo Speciale di Artiglieria: 4 Batterie - 16 pezzi[3]
  - Battaglioni Alpini "Cadore" - 23a Batteria: 4 pezzi
  - Legione Autonoma Mobile "Ettore Muti" 2 pezzi
  - Battaglioni Ciclisti d'Assalto "M" "Venezia Giulia": 1 Batteria – 4 pezzi

Obice da 75/18

L'obice da 75/18 modello 34 è il primo modello a deformazione da campagna di progettazione e costruzione interamente italiana. Il pezzo venne presentato dall'Ansaldo nel 1932, ma venne adottato nel 1934 e messo in produzione nel 1936, con una produzione iniziale di soli 12 pezzi. Si trattava di un buon pezzo leggero e facilmente someggiabile, ma dalla scarsa gittata e potenza. Venne impiegato in Grecia, Russia, Tunisia, Sicilia e Corsica (dalla Divisione "Friuli" contro le truppe tedesche).

---

1 Il totale degli obici in dotazione al 1° Reggimento Artiglieria era di 37 pezzi.
2 La presenza di 2 Batterie con obici da 75/13 è stata ricavata da una recente pubblicazione, ma resta dubbia.
3 Secondo Giorgio Pisanò (vedere "Storia delle Forze Armate della Repubblica Sociale Italiana", opera citata in Bibliografia) solo la 1ª Batteria del Gruppo era armata con obici da 75/13, ma i documenti ufficiali del Raggruppamento Anti Partigiani citano esclusivamente pezzi da 75/13, il che fa supporre che l'intero X Gruppo Speciale di Artiglieria (su 4 Batterie) fosse equipaggiato con queste bocche da fuoco.

Dati tecnici obici da 75/18 modello 34
Peso pezzo in batteria: 780 kg
Settore di tiro verticale: -10° + 65°
Settore di tiro orizzontale: 48°
Peso granata modello 32: 6,35 kg
Velocità iniziale: 425 m/s
Gittata massima: 9,5 km

Nelle Forze Armate della R.S.I. l'obice da 75/18 venne impiegato dalle seguenti unità:
- Divisione Bersaglieri "Italia" - 4° Reggimento Artiglieria:
    o II Gruppo Artiglieria: 3 Batterie - 12 pezzi[4]
- Divisione Alpini/Granatieri "Littorio" - 2° Reggimento Artiglieria:
    o I Gruppo da Montagna "Gran Sasso": 1 Batteria - 4 pezzi
- I (LI) Battaglioni Bersaglieri Difesa Costiera (in postazione fissa sulla costiera a difesa di Genova): (?) pezzi

Cannone da 75/27 modello 906 e modello 911

Il cannone a tiro rapido da 75 mm della Krupp venne adottato nel 1906 dopo un lungo periodo di sperimentazioni e prove, anche con altri materiali, in sostituzione del vecchio cannone da campagna da 75A. La produzione del pezzo venne interrotta nel 1912 a seguito dell'adozione del Deport da 75/27 ma, nel 1916, venne ripresa dall'Ansaldo, dall'Armstrong Pozzuoli e dagli arsenali militari a seguito delle impellenti necessità militari derivanti dalla guerra. Il 75 Krupp si rilevò una buona arma, robusta ed affidabile, dalle caratteristiche balistiche paragonabili ai pezzi austriaci. Rimase al passo con i tempi fino al 1917, quando entrò in linea negli eserciti dell'Impero Centrale il pezzo tedesco da 7.7 cm FK16 con gittata massima di 10,3 km. Destinato ad essere sostituito nei Gruppi di Artiglieria delle Divisione di fanteria dai nuovi materiali da 75 nazionali, rimase in dotazione causa il ritardo della fornitura dei nuovi modelli. Nel Regio Esercito il 75/27 modello 906 venne impiegato nei Gruppi ippotrainati e a traino meccanico. Nel 1912 causa alcune manchevolezze riscontrate nell'utilizzo del modello 906, scarsa mobilità su terreno vario e ridotto settore di tiro oltre al ritardo nella consegna dei pezzi modello 906, indusse il Regio Esercito a riconsiderare il materiale in dotazione all'artiglieria da campagna ippotrainata. Dopo attente valutazioni su modelli Schneider, Krupp e Deport, venne decisa l'adozione del cannone a deformazione Deport da 75 mm con affusto a coda doppia, capace di sparare con elevati angoli di inclinazione e direzione. La produzione venne affidata ad un consorzio di 27 ditte italiane presieduto dalla Vickers Terni e dalla Società Acciaierie di Terni. Il cannone da 75/27 modello 911 si affiancò quindi al modello 906 nei Gruppi di Artiglieria da campagna superandolo come numeri di pezzi in servizio. Nel dopoguerra si cercò di porre rimedio alle principali carenze del pezzo: la scarsa gittata e la mobilità, nel primo caso introducendo nuovi proiettili e cariche di lancio, nel secondo adattando il cannone al traino meccanico.

---

[4] Gli obici da 75/18 vennero assegnati alle batterie in sostituzione dei cannoni da 75/27 al rientro in Italia.

Il cannone da 75/27 modello 906 venne impiegato su tutti i fronti tranne che in Russia e nell'Africa Orientale, in Italia anche nella difesa territoriale per l'impiego da costa e antisbarco e fu il pezzo maggiormente utilizzato dalle Divisione Costiere. Il modello 911 operò su tutti i fronti tranne che in Africa Orientale. Allo scoppio del conflitto la maggior parte delle artiglierie leggere divisionali era ancora ippotrainata, neanche il 25% era stato adattato al traino meccanico con l'adozione di ruote semipneumatiche Celerflex.

Dati tecnici cannone da 75/27 modello 906
Peso pezzo in batteria: 1015 kg
Settore di tiro verticale: -10° + 16°
Settore di tiro orizzontale: 7°
Peso granata modello 32: 6,3 kg
Velocità iniziale: 502 m/s
Gittata massima: 10,2 km

Dati tecnici cannone da 75/27 modello 911
Peso pezzo in batteria: 1075 kg
Settore di tiro verticale: -10° + 65°
Settore di tiro orizzontale: 53°
Peso granata modello 32: 6,3 kg
Velocità iniziale: 502 m/s
Gittata massima: 10,2 km

Nelle Forze Armate della R.S.I. il cannone da 75/27, modello 06 o modello 11, venne impiegato dalle seguenti unità:
- Divisione Bersaglieri "Italia" - 4° Reggimento Artiglieria:
    o II Gruppo Artiglieria: 3 Batterie - 12 pezzi[5]
- Divisione Fanteria di Marina "San Marco": ? pezzi in postazioni fisse di difesa costiera
- Divisione Alpini/Granatieri "Littorio" - 2° Reggimento Artiglieria:
    o I Gruppo da Montagna "Gran Sasso": 1 Batteria - 4 pezzi modello 06 in postazione in caverna allo Chaz Dura (ex G.A.F.)
- Divisione Fanteria di Marina "Decima": Reggimento Artiglieria "Condottieri":
- Gruppo Artiglieria "San Giorgio": 1 Batteria - 4 pezzi modello 06
- I Battaglione Bersaglieri "Benito Mussolini": 2 pezzi
- Gruppo Corazzato "Leonessa" della G.N.R.: 1 Batteria - 4 pezzi
- I Battaglione M "IX Settembre": 2 pezzi
- 1a Batterie ippotrainata – Reparto autonomo dislocato ad Opicina (TS): 4 pezzi
- I Gruppo Artiglieria Posizione Costiera - 1a Batteria: 4 pezzi
- II Gruppo Artiglieria Posizione Costiera - 7a Batteria: 4 pezzi
- XII Gruppo Artiglieria Posizione Costiera - 41a Batteria: 4 pezzi modello 06 in postazione in caverna sul Monte Croce (ex G.A.F.)
- Legione Autonoma Mobile "Ettore Muti": 3 Batterie - 12 pezzi (utilizzati anche in funzione antiaerea)

---
5 I cannoni da 75/27 vennero sostituiti con gli obici da 75/18 al rientro in Italia.

Obice da 100/17

Obice di produzione Skoda ampiamente utilizzato durante il primo conflitto mondiale dall'Esercito Austro-Ungarico, era una bocca da fuoco di moderna concezione, ben costruita, solida e robusta, di grande affidabilità e con una buona mobilità. Consentiva ampi settori di tiro verticali e la potenza della granata era nettamente superiore ai proietti italiani. Le principali manchevolezze derivavano dal limitato settore di tiro orizzontale e dalla scarsa gittata. Venne costruito in due modelli, la versione da campagna, modello 14, e quella specializzata per l'impiego in montagna, modello 16, scomponibile e trainabile in tre carichi. Il Regio Esercito, con la vittoria sull'Austria – Ungheria, catturò ed ottenne in conto riparazione quasi duemila bocche da fuoco dei due modelli, risolvendo così il problema che lo aveva assillato per tutta la durata del conflitto: la mancanza di un obice leggero da affiancare i cannoni da 75/27 nei Reggimenti di Artiglieria da campagna e da montagna. In questo modo l'obice Skoda da 100/17 divenne l'obice leggero da campagna standard del Regio Esercito. Molti pezzi furono adattati al traino meccanico, sia con l'utilizzo del carrello elastico sia con la sostituzione delle ruote in legno a razze con ruote gommate semipneumatiche. Molti obici vennero utilizzati per l'armamento di postazioni fisse e nelle fortificazioni in caverna in servizio nella Guardia Alla Frontiera. Venne impiegato su tutti fronti durante la II Guerra Mondiale, palesando tutti i suoi limiti derivanti dalla scarsa gittata e dalla ridotta mobilità su terreno vario. Nonostante la scarsa velocità iniziale venne utilizzato anche come arma controcarro.

Dati tecnici obice da 100/17
Peso pezzo in batteria: 1415 kg
Settore di tiro verticale: -8° + 48°
Settore di tiro orizzontale: 5°
Peso granata: 13,3 kg
Velocità iniziale: 407 m/s
Gittata massima: 9,2 km

Nelle Forze Armate della R.S.I. l'obice da 100/17 venne impiegato dalle seguenti unità:
- Divisione Fanteria di Marina "San Marco" - 3° Reggimentio Artiglieria:
  o II Gruppo ippotrainato: 3 Batterie - 12 pezzi
  o III Gruppo ippotrainato: 3 Batterie - 12 pezzi
- Divisione Fanteria di Marina "Decima" - Reggimento Artiglieria "Condottieri":
  o Gruppo Artiglieria "Colleoni":   1 Batteria - 4 pezzi
- Raggruppamento Anti Partigiani - X Gruppo Speciale di Artiglieria – (?) Batteria: (?) pezzi[6]
- Gruppo da combattimento "Vanni" (Balcani): 3 pezzi
- II Gruppo Artiglieria Posizione Costiera - 8a Batteri: 4 pezzi
- XII Gruppo Artiglieria Posizione Costiera - 37a Batteria Alpina "Julia": 4 pezzi modello14
- XV Gruppo Artiglieria Posizione Costiera - (?) Batteria: (?) pezzi
- Gruppo Artiglieria Posizione Costiera "Gruppo Pezzini" – FB 16: 4 pezzi

---

6 Secondo Giorgio Pisanò (vedere "Storia delle Forze Armate della Repubblica Sociale Italiana", opera citata in Bibliografia) la 3ª Batteria del Gruppo era armata con 4 obici da 100/17.

Obice da 100/22

La principale carenza riscontrata nell'obice da 100/17, nel corso del primo conflitto mondiale, era stata la scarsa gittata. La Skoda, nell'immediato dopoguerra, approntò una versione più potente con canna allungata che venne adottata da numerosi eserciti europei. Nel 1941 il Regio Esercito entrò in possesso di alcune centinaia di pezzi di provenienza ceca e polacca, ceduti dai tedeschi, o catturati in Jugoslavia e Grecia. L'obice da 100/22 poteva impiegare lo stesso munizionamento del modello 100/17. Venne impiegato in Jugoslavia contro i partigiani, in Sicilia e nella difesa di Roma.

Dati tecnici obice da 100/22
Peso granata: 13,3 kg
Velocità iniziale: 415 m/s
Gittata massima: 9,6 km

Nelle Forze Armate della R.S.I. l'obice da 100/22 venne impiegato dalle seguenti unità:
- Divisione Fanteria di Marina "Decima" - Reggimenti Artiglieria "Condottieri":
  o Gruppo Artiglieria "Colleoni": 2 Batterie - 8 pezzi
- Batteria T.M. - Reparto autonomo dislocato ad Opicina (TS): 4 pezzi

Cannone da 105/28

Le origini del cannone da 105/28 risalgono al 1912, quando lo Stato Maggiore dell'Esercito decise di introdurre un nuovo pezzo a deformazione nell'artiglieria pesante campale. Vennero presentati due progetti e quello dell'Ansaldo, di caratteristiche analoghe al modello Schneider da 105 modello 13 di cui aveva ottenuto i piani costruttivi, venne prescelto. Messo segretamente in produzione nel settembre 1914, arrivò ai Reparti nel luglio 1915, venendo prodotto fino al 1919 per un totale di 1.736 bocche da fuoco e 1.331 affusti. Le principali carenze derivavano dalla scarsa potenza delle granate e dall'eccessivo logoramento dell'anima della canna. Nel dopoguerra tutti i pezzi vennero trasformati in traino meccanico, sia con l'uso del carrello elastico sia con la sostituzione delle ruote in legno a razze con pneumatici. Venne impiegato in tutte le operazioni del Regio Esercito del dopoguerra, durante il conflitto mondiale fu impiegato in tutti i teatri operativi.

Dati tecnici cannone da 105/28
Peso pezzo in batteria: 2.470 kg
Settore di tiro verticale: -5° +37°
Settore di tiro orizzontale: 14°
Peso granata: 16,3 kg
Velocità iniziale: 774 m/s
Gittata massima: 13,6 km

Nelle Forze Armate della R.S.I. il cannone da 105/28 venne impiegato dalle seguenti unità:
- Divisione Fanteria di Marina "Decima" - Reggimento Artiglieria "Condottieri":

o Gruppo Artiglieria "San Giorgio": 1 Batteria - 4 pezzi
- Raggruppamento Anti Partigiani - X Gruppo Speciale di Artiglieria – (?) Batterie: (?) pezzi[7]

Cannone da 105/32

Cannone di produzione Skoda, veterano della Prima guerra mondiale, recuperato dopo la sconfitta dell'Austria – Ungheria in alcune centinaia di pezzi, rimase anche durante il secondo conflitto il pezzo di artiglieria pesante campale a maggior gittata nel Regio Esercito. Partecipò alla campagna d'Africa Orientale e quindi venne impiegato in Jugoslavia, Russia, Tunisia e Sicilia. Il cannone da 105/32 era dotato di una buona gittata massima, ma era molto più pesante e meno maneggevole del 105/28.

Dati tecnici cannone da 105/32
Peso pezzo in batteria: 3.100 kg
Settore di tiro verticale: -10° +30°
Settore di tiro orizzontale: 6°
Peso granata: 16,3 kg
Velocità iniziale: 735 m/s
Gittata massima: 16,2 km

Nelle Forze Armate della R.S.I. il cannone da 105/32 venne impiegato dalle seguenti unità:
- Divisione Fanteria di Marina "Decima"- Reggimento Artiglieria "Condottieri":
   o Gruppo Artiglieria "San Giorgio": 1 Batteria - 4 pezzi

Obice da 149/13

Unico obice in servizio nel Reggimenti di artiglieria pesante campale, il 149/13 era un pezzo di origine Skoda di preda bellica austro-ungarica. Nel dopoguerra tutti i pezzi vennero trasformati per il traino meccanico con singola vettura, sia con l'adozione del carrello elastico sia, a conflitto in corso, ricorrendo a nuove ruote in lamierino semipneumatiche. Vennero inoltre migliorate le capacità balistiche con l'adozione del nuovo munizionamento modello 32. Pezzo molto robusto, sufficientemente mobile ed in grado di sparare nel secondo arco di traiettoria, aveva il suo limite nella scarsa gittata e nello scarso settore di tiro in direzione. Era ampiamente superato all'inizio del conflitto dai modelli in servizio negli Eserciti Alleati e tedesco. Venne impiegato in tutti i teatri operativi anche se dal 1940 non ne furono più inviati in Africa settentrionale.

Dati tecnici obice da 149/13
Peso pezzo in batteria: 2.765 kg
Settore di tiro verticale: -5° +70°
Settore di tiro orizzontale: 6°

---

[7] Secondo Giorgio Pisanò (vedere "Storia delle Forze Armate della Repubblica Sociale Italiana", opera citata in Bibliografia) la 2ª Batteria del Gruppo era armata con 4 obici da 105/28.

Peso granata: 42,6 kg
Velocità iniziale: 336 m/s
Gittata massima: 8,8 km

Nelle Forze Armate della R.S.I. l'obice da 149/13 venne impiegato dalle seguenti unità:
- XIV Gruppo Artiglieria Posizione Costiera[8] – 32a e 33a Batteria: 8 pezzi
- Gruppo Artiglieria Posizione Costiera "Gruppo Pezzini" – FB 15: 4 pezzi

Obice da 149/12

L'obice da 149/12 Krupp rimase in servizio nel Regio Esercito nei reparti di prima linea sino agli anni '20 - '30, quando venne sostituito dal 149/13.

Dati tecnici obice da 149/12
Peso pezzo in batteria: 2.344 kg
Settore di tiro verticale: -5° +43°
Settore di tiro orizzontale: 5°
Gittata massima: 6,9 km

Nelle Forze Armate della R.S.I. l'obice da 149/12 venne impiegato dalle seguenti unità:
- X Gruppo Artiglieria Posizione Costiera: (?) Batterie - (?) pezzi

Obice da 149/19

L'obice da 149/19 nacque da una specifica emanata nel 1930 ed ebbe uno sviluppo molto travagliato e complesso, dovuto alle specifiche tecniche molto esigenti ed alle difficoltà incontrate dalle ditte nel rispettarle, oltre ai continui cambiamenti dei requisiti richiesti dagli organi tecnici del Regio Esercito. Si dovette attendere il 1937 per avere la scelta definitiva del modello presentato dalla OTO, ma solo nel 1941 iniziò la produzione di serie. Furono poco più di cento gli obici costruiti prima dell'8 settembre, che ebbe il suo battesimo di fuoco in Sicilia nel luglio 1943. Pezzo dalle eccellenti caratteristiche rimase in servizio nell'Esercito Italiano sino al 1974.

Dati tecnici obice da 149/19
Peso pezzo in batteria: 6.260 kg
Settore di tiro verticale: -3° +60°
Settore di tiro orizzontale: 50°
Peso granata: 42,5 kg
Velocità iniziale: 597 m/s
Gittata massima: 14,2 km

Nelle Forze Armate della R.S.I. l'obice da 149/19 venne impiegato dalle seguenti unità:

---

[8] In alcune pubblicazioni è indicato come XXII Gruppo.

- Divisione Bersaglieri "Italia" - 4° Reggimento Artiglieria:
  - III Gruppo Artiglieria: 2 Batterie - 8 pezzi
- Divisione Alpini/Granatieri "Littorio" -2° Reggimento Artiglieria:
  - IV Gruppo da Campagna: 3 Batterie - 12 pezzi
- Divisione Fanteria di Marina "San Marco" - 3° Reggimento Artiglieria:
  - IV Gruppo T.M.: 3 Batterie - 12 pezzi
- 6° Gruppo Artiglieria pesante (Francia): 3 Batterie - 9 pezzi
- I Gruppo Artiglieria Posizione Costiera: 3a e 4a Batteria - 8 pezzi
- XIV Gruppo Artiglieria Posizione Costiera: 34a Batteria: 4 pezzi[9]
- Raggruppamento Anti Partigiani X Gruppo Speciale di Artiglieria (?) Batterie: (?) pezzi[10]

Cannone da 149/35

Il cannone da 149/35 trae origine dagli studi per una nuova bocca da fuoco in acciaio intorno al 1890. Venne adottato definitivamente nel 1901 ed impiegato durante il primo conflitto mondiale in centinaia di esemplari. Apprezzato per la potenza e precisione di tiro era però vincolato dalla mancanza di punteria in direzione, che costringeva a spostare la coda dell'affusto per la correzione del puntamento, dalla lentezza del tiro e dall'affusto rigido, che obbligava a ripetere il puntamento dopo ogni colpo. Nonostante i vari tentativi effettuati dagli arsenali nel dopoguerra per modificare l'affusto in una versione a deformazione, l'unica modifica adottata fu quella di immettere in servizio dei treni di sospensione elastica per adattare il cannone al traino meccanico. Il mancato rinnovamento del parco artiglieria con l'adozione del nuovo cannone da 149/40, fece sì che il Regio Esercito iniziò il conflitto con l'anacronistico 149/35 come unica artiglieria d'Armata. Venne impiegato in Libia, Francia, Grecia, Jugoslavia e Sicilia. Data la larga disponibilità, molti pezzi vennero destinati all'armamento delle postazioni fisse e dei forti, oltre che utilizzati in funzioni antisbarco sulle coste in Italia, Albania, Francia, Egeo, Grecia e Dalmazia.

Dati tecnici cannone da 149/35
Peso pezzo in batteria: 8.600 kg
Settore di tiro verticale: -10° +35°
Peso granata: 45,9 kg
Velocità iniziale: 628 m/s
Gittata massima: 17,5 km

Nelle Forze Armate della R.S.I. il cannone da 149/35 venne impiegato dalle seguenti unità:
- Divisione Alpini/Granatieri "Littorio" - 2° Reggimento Artiglieria:
  - I Gruppo da Montagna "Gran Sasso": 2 pezzi facenti parte delle fortificazioni del Vallo del Littorio (ex G.A.F.)
  - XIII Gruppo Artiglieria Posizione Costiera: 38a, 39a e 40a Batteria - 12 pezzi
  - XVII Gruppo Artiglieria Posizione Costiera: (?) Batterie: (?) pezzi

---
9 In alcune pubblicazioni è indicato come XXII Gruppo.
10 Secondo Giorgio Pisanò (vedere "Storia delle Forze Armate della Repubblica Sociale Italiana", opera citata in Bibliografia) la 4ª Batteria del Gruppo era armata con 4 obici da 149/19.

Mortaio da 210/8

Pezzo di concezione italiana risalente al 1891, venne impiegato come artiglieria d'assedio durante tutto il primo conflitto mondiale. Nel corso del conflitto il mortaio venne installato su affusti a piattaforma De Angelis o modello De Stefanis, molto più economici dell'originale affusto Schneider. Nel 1936 venne decisa l'alienazione di tutti i materiali da 210/8. Nel 1939 dei 500 pezzi esistenti solo 180 erano ancora disponibili per la costituzione di 45 Batterie da impiegare in funzione statica di rinforzo ai settori di copertura della GAF o dei porti. Venne impiegato contro la Francia e durante l'attacco alla Jugoslavia.

Dati tecnici mortaio da 210/8 affusto De Stefano
Peso pezzo in batteria: 10.310 kg
Settore di tiro verticale: -15° +70°
Settore di tiro orizzontale: 360°
Peso granata: 101 kg
Velocità iniziale: 345 m/s
Gittata massima: 8,4 km

Nelle Forze Armate della R.S.I. il mortaio da 210/8 venne impiegato dalle seguenti unità:
- Divisione Alpini/Granatieri "Littorio"- 2° Reggimento Artiglieria:
    - II Gruppo da Montagna "Romagna": 1 pezzo

▲ In questa immagine, purtroppo di scarsa qualità, perché proveniente dal periodico edito dalla Legione Autonoma Mobile "Ettore Muti" di Milano è ritratto un vetusto cannone da 65/17 in dotazione reparto (Archivio Sandri).

▼ Obici da 75/13 del Gruppo Artiglieria "Vicenza" sul fronte delle Alpi occidentali (Archivio "Monterosa").

▲ Addestramento in Germania del Gruppo Artiglieria "Vicenza" della Divisione "Monterosa" (Archivio "Monterosa").

▼ Un obice da 75/13 del Gruppo Artiglieri "Vicenza" in azione sul fronte delle Alpi Occidentali (Archivio "Monterosa").

▲ Foto di gruppo dei serventi di un obice da 75/13 del Gruppo Artiglieria "Aosta" della Divisione "Monterosa" in postazione ad Avegno (GE) (Collezione Cucut).

▼ Il 4° pezzo del Gruppo Artiglieria "Bergamo" della Divisione "Monterosa" mimetizzato sul fronte della Linea Gotica in Garfagnana (Archivio "Monterosa").

▲ Uno degli obici da 75/13 in servizio presso la Legione Autonoma Mobile "Ettore Muti" di Milano. I legionari indossano una peculiare uniforme nera, distribuita solo agli appartenenti alla Compagnia "Mezzi Pesanti" (Archivio Sandri).

▼ Obice da 75/13 del Gruppo Artiglieria "Bergamo" della Divisione "Monterosa" (Archivio "Monterosa")

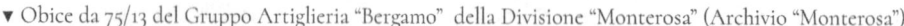

▲ Le condizioni di combattimento sulla Linea Gotica in Garfagnana erano molto dure, come si vede in questa immagine che ritrae un obice da 75/13 del Gruppo Artiglieria "Bergamo" della "Monterosa", pronto ad aprire il fuoco (Archivio "Monterosa").

▼Sul fronte occidentale il Gruppo Artiglieria "Gran Sasso" del 2° Reggimento Artiglieria della Divisione "Littorio" mise in posizione i propri obici da 75/13 (Archivio Arena).

▲ Un'altra immagine di un obice da 75/13 del Gruppo Artiglieria "Gran Sasso", schierato al Piccolo San Bernardo (Archivio Quaquaro).

▼ Artiglieri italiani di una delle Divisioni addestrate in Germania ricevono l'istruzione all'uso dell'obice da 75/13 (Archivio Arena)

▲ Un obice da 75/13 del Gruppo Artiglieria "San Giorgio" del Reggimento "Condottieri" della Divisione "Decima" fa fuoco durante la battaglia di Tarnova nel gennaio 1945: il pezzo è fotografato nel momento del massimo rinculo (Archivio Panzarasa).

▼ Sezione di obici da 75/13 Gruppo Artiglieria "San Giorgio" del Reggimento "Condottieri" durante la battaglia di Tarnova (Archivio Panzarasa).

▲ Legionari del Waffen-Artillerie-Abteilung delle SS Italiane mostrano un obice da 75/13 ai giovani allievi della Scuola della Guardia Nazionale Repubblicana di Rivoli (TO). Il pezzo è stato trasportato a bordo di un autocarro FIAT 626, come frequentemente avveniva (Archivio Arena).

▼ Un obice da montagna da 75 delle SS Italiane pronto al fuoco (Archivio Arena).

▲ Cannone da 75/27 modello 911 in servizio nella 7ª Battegia del II Gruppo ArtiglieriaPosizione Costiera sulla costa ligure (Archivio Scarone).

▼ Cannone da 75/27 mod. 906 in servizio nella Legione Autonoma Mobile "Ettore Muti" (Archivio Sandri)

▲ Un obice da 100/17 in servizio nella 37ª Batteria "Julia", che era dislocata sul Monte Lesco, nei pressi di Fiume (g.c. Archivio Crivellari).

▼ Tiro con l'obice da 100/17 nella 37ª Batteria "Julia" (g.c. Archivio Crivellari).

▲ Questo reparto della Guardia Nazionale Repubblicana, probabilmente aggregato al Pz.Abt.208, aveva in dotazione un obice da 100/17, con una vistosa mimetizzazione a tre colori (Archivio Tallillo).

▼ Obice da 100/17 della X MAS al traino di un autocarro del Battaglione "Fulmine" (Arena).

▲ Il Comandante Borghese, in visita al Gruppo Artiglieria "Colleoni" del Reggimento "Condottieri" sul fronte del Senio, osserva uno dei pezzi da 100/17 (Archivio Panzarasa).

▼ Sul fronte del Senio, un obice da 100/17 del Gruppo "Colleoni" viene preparato al fuoco dai serventi, che indossano i tipici capi mimetici distribuiti ai marò della "Decima" (Archivio Panzarasa).

▲ Un obice da 100/17 in servizio nel II Gruppo Artiglieria Ippotrainato del 3° Reggimento Artiglieria della Divisione "San Marco" nella zona di Savona (Archivio Baldrati).

▼ Postazione della X Mas con un cannone da 105/28 della 1ª Batteria Speranza del Gruppo Artiglieria "San Giorgio sul fronte di Nettuno (Archivio Panzarasa).

▲ Cannone da 105/32 della 2ª Batteria Fulmine del Gruppo Artiglieria "San Giorgio" a Nettuno (Archivio Panzarasa).

▼ Militari del IV Gruppo Artiglieria 2° Reggimento della Divisione "Littorio" vengono addestrati all'uso dell'obice da 149/19 in Germania (Archivio Viziano).

▲ Obice da 149/19 del IV Gruppo Artiglieria 2° Reggimento della Divisione "Littorio" pronto al fuoco sul fronte delle Alpi occidentali (Archivio Viziano).

▼ Obice da 149/19 del III Gruppo Artiglieria 4° Reggimento della Divisione "Italia", messo in batteria in una posizione fortemente mimetizzata nelle retrovie della Linea Gotica (Archivio Viziano).

▲ Cannone da 7,5 cm. le IG 18 in servizio nel Reggimento Paracadutisti "Folgore"(Archivio Arena).

▼ I paracadutisti del Reggimento "Folgore" osservano questo cannone da 7,5 cm. le IG 18, che è stato dato in dotazione al reparto (Archivio Arena).

▲ Bersaglieri della Divisione "Italia" in addestramento in Germania con il cannone da 7,5 cm. le IG 18 (Archivio Viziano).

▼ Bersaglieri della Divisione "Italia" mettono in postazione un cannone da 7,5 cm. le IG 18 sulla Linea Gotica (Archivio Viziano).

▲ Questi Bersaglieri della Divisione "Italia" sulla linea Gotica hanno mimetizzato sé stessi ed il loro cannone da 7,5 cm. le IG 18 con teli bianchi e lenzuola, per confondersi nella neve abbondantemente caduta (Archivio Viziano).

▼ Anche il Gruppo Esplorante "Cadelo" della Divisione "Monterosa" ebbe in dotazione il Cannone da 7,5 cm. Le IG 18: qui un pezzo fotografato sulla Linea Gotica (Archivio "Monterosa").

▲ Un cannone da 7,5 cm. le. IG 18 viene trasportato da Arditi del III Gruppo Esplorante della Divisione "San Marco" (Archivio Baldrati).

▼ Arditi del III Gruppo Esplorante della Divisione "San Marco" pronti al fuoco con un cannone da 7,5 cm. le. IG 18 sulla costa ligure (Archivio Baldrati).

▲ Cannone da montagna da 7,5 cm GebG 36 utilizzato dalla 5ª Batteria del II Gruppo da Montagna "Romagna" della Divisione "Littorio" a Larche (Archivio Cucut).

▼ Cannone da montagna da 7,5 cm GebG 36 in postazione sulle Alpi Occidentali (Archivio "Monterosa").

▲ Alpini della 5ª Batteria del II Gruppo da Montagna "Romagna" della Divisione "Littorio" in alta quota a Larche con un pezzo da montagna da 7,5 cm GebG 36 (Archivio Acta).

▼ Gli Alpini del Gruppo Artiglieria "Mantova" furono addestrati all'uso dell'obice da 10,5 cm. Le FH 18 durante la loro permanenza nel campo di Munsingen in Germania (Archivio "Monterosa").

▲ Artiglieri Alpini della 4ª Batteria del Gruppo Artiglieria "Mantova" della Divisione "Monterosa", schierata in Valle d'Aosta, intorno ad un obice da 10,5 cm. le FH 18 (Archivio "Monterosa").

▼ Serventi di un obice da 10,5 cm. le FH 18 del Gruppo Artiglieria "Mantova" della "Monterosa" preparano il pezzo al fuoco in Garfagnana (Archivio "Monterosa").

▲ Artiglieri del Gruppo Artiglieria "Mantova della Divisione "Monterosa" in marcia verso il fronte con un obice da 10,5 cm. le FH 18, movimentato da traino animale (Archivio "Monterosa").

▼ Obice da 10,5 cm. le FH 18 del Gruppo Artiglieria "Mantova" della Divisione "Monterosa" pronto al fuoco in Garfagnana (Archivio "Monterosa").

▲ Obice da 15 cm sIG-33, esposto al Museo di Belgrado, in dotazione alla Divisione Bersaglieri "Italia" durante l'addestramento in Germania.

▲ Cannone da 76,2 M1939, conservato nel Museo di Mosca, in dotazione al Gruppo "Vanni"

▲ Artiglieri del Gruppo di Artiglieria Posizione Costiera mettono in batteria un cannone francese da 105/27, in servizio presso la batteria FB 14 (Archivio Cucut)

▼ Cannone francese da 105/27 della batteria FB 14 del Gruppo Artiglieria P.C. "Pezzini" (Archivio Cucut).

ARTIGLIERIE STRANIERE

Cannone da 7,5 cm. le IG 18 (leichte Infanterie Geschutz)

Pezzo tedesco sviluppato dalla Rheinmetall nel 1927, entrò in distribuzione nei primi anni Trenta, venendo assegnato alle Compagnie Cannoni di Fanteria, e successivamente alle Compagnie Armi Pesanti dei Reggimenti Panzergranadier ed alla Fanteria Motorizzata. Nel 1937 venne montato su un affusto alleggerito e distribuito alle truppe da montagna come 75 mm "leichte Gebirges" IG 18.

Nelle Forze Armate della R.S.I. il cannone da 75/10 IG 18 venne impiegato dalle seguenti unità:
- Divisione Bersaglieri "Italia" - IV Gruppo Esplorante: previsti 10 pezzi, nel gennaio 1945 ne risultavano 4 in servizio
- Divisione Fanteria di Marina "San Marco"- III Gruppo Esplorante: 2 pezzi[11]
- Divisione Alpina "Monterosa" - I Gruppo Esplorante "Cadelo": 13 pezzi
- Reggimenti Paracadutisti "Folgore": esistono fotografie che testimoniano della presenza del pezzo in servizio, ma non si hanno notizie in merito al suo effettivo utilizzo sul Fronte delle Alpi Occidentali.
- II (XX) Battaglioni Bersaglieri Volontari Difesa Costiera: anche in questo caso esistono fotografie che testimoniano della presenza del pezzo in servizio, ma non si hanno notizie in merito al suo effettivo utilizzo.

Cannone da montagna da 7,5 cm GebG 36

Il 7,5 cm Gebirgsgeschütz 36, abbreviato in 7,5 cm GebG 36, era un cannone da montagna tedesco. Era il cannone leggero standard delle divisioni da montagna sia dello Heer che delle Waffen SS durante la Seconda guerra mondiale, introdotto nel 1938 in sostituzione dei modelli antiquati.

Nelle Forze Armate della R.S.I. il cannone da 75/21 venne impiegato dalle seguenti unità:
- Divisione Alpini/Granatieri "Littorio" - 2° Reggimento Artiglieria:
  - o II Gruppo da Montagna "Romagna": 5a Batteria - 4 pezzi

Obice da 10,5 cm. le FH 18 (leichte Feld Haubitze)

Obice regolamentare da campagna in servizio nell'artiglieria tedesca, venne introdotto nel 1935. Ottimo pezzo dalle caratteristiche equivalenti al 105 americano e all'88 britannico, maneggevole, facile all'impiego e fermo nello sparo. Allo scopo di migliorarne le prestazioni, venne prodotta la versione le FH 18M (M = Mundungbremse), munito di freno di bocca e con sistema di rinculo regolato per permettere l'impiego di una carica più potente e di una granata a lunga gittata.

---

11 Da alcuni documenti risulterebbero in servizio un totale di 10 pezzi nella Divisione.

Dati tecnici obice da 105 FH18
Peso pezzo in batteria: 2.000 kg
Settore di tiro verticale: -5° +42°
Settore di tiro orizzontale: 56°
Peso granata: 14,8 kg
Velocità iniziale: 470/540 m/s
Gittata massima: 12,3 km

Nelle Forze Armate della R.S.I. dell'obice da 10,5 cm le FH18 venne impiegato dalle seguenti unità:
  • Divisione Alpina "Monterosa" - 1° Reggimento Artiglieria:
    o IV Gruppo ippotrainato "Mantova": 3 Batterie - 12 pezzi

Obice da 15 cm sIG-33 (15 cm schweres Infanterie Geschütz 1933)

Pezzo d'accompagnamento per la fanteria, richiesto dallo Stato Maggiore tedesco negli anni Venti, sviluppato dalla Rheinmetall a partire dal 1927 e accettato dall'esercito nel 1933. Prodotto inizialmente solo dalla Rheinmetall, fu poi costruito anche dalla AEG - Fabrik e successivamente dalla Böhmische Waffenfabrik. In totale furono costruiti 4.600 pezzi. Era normalmente trainato da cavalli, solo a bassa velocità poteva essere trainato da automezzi. Venne modernizzato con la sostituzione delle ruote originali con altre dotate di pneumatici. Già durante la campagna di Polonia emerse la scarsa mobilità dell'obice, che impediva il sostegno alla fanteria. Molti obici vennero allora destinati alla trasformazione in semoventi. Restò in servizio fino alla fine del conflitto.

Dati tecnici obice da 150 sIG 33
Peso pezzo in batteria: kg 1.750
Settore di tiro verticale: +73°
Settore di tiro orizzontale: 11,5°
Peso granata: 38 kg HE
Velocità iniziale: 240 m/s
Gittata massima: 4,7 km

Nelle Forze Armate della R.S.I. l'obice da 150 sIG 33 venne impiegato dalle seguenti unità:
  • Divisione Bersaglieri "Italia": prevista una Batterie con 4 pezzi, in servizio solo un pezzo per l'addestramento in Germania. Non risultano obici sIG 33 in servizio in Italia.

Cannone da 76,2 M1939

Cannone da campagna sovietico, adottato dall'Armata Rossa nel 1939, venne prodotto dallo Stabilimento N° 92 di Grabin e, durante la guerra, dalla fabbrica Barrikadi di Stalingrado in migliaia di pezzi fino alla fine del 1943, quando venne sostituito dal ZiS-3. Denominato anche F-22 USV, era utilizzato nelle batterie dei reggimenti di artiglieria leggera. Ottimo anche in funzione controcarro, ne vennero catturati centinaia di pezzi dai tedeschi, che li reimpiegarono convertendone molti esemplari in cannoni anticarro, con la denominazione 7,62 PaK 39(r).

Dati tecnici cannone da 76,2
Peso pezzo in batteria: 1.470 kg
Settore di tiro verticale: -6° + 45°
Settore di tiro orizzontale: 60°
Peso granata: da 4.2 a 7,1 kg secondo i proiettili utilizzati
Velocità iniziale: da 624 a 1.025 m/s secondo i proiettili utilizzati
Gittata massima: da 4 a 13.29 km secondo i proiettili utilizzati

Nelle Forze Armate della R.S.I. il cannone da 76,2 venne impiegato dalle seguenti unità:
- Gruppo da combattimento "Vanni" (Balcani): 8 pezzi

Cannone da 105/27 di preda bellica

Materiale pesante campale di preda bellica francese, costruito dalla Schneider come 105 L modello 13, ceduto dai tedeschi o ottenuto tramite la Commissione Italiana d'Armistizio con la Francia (CIAF). Venne utilizzato in funzione di difesa antisbarco e difesa costiera. Poteva utilizzare lo stesso munizionamento del 105/28 italiano.

Dati tecnici cannone da 105/27
Peso pezzo in batteria: 2.300 kg
Settore di tiro verticale: -5° + 37°
Settore di tiro orizzontale: 6°
Peso granata: 5,7 kg
Velocità iniziale: 550 m/s
Gittata massima: 12 km

Nelle Forze Armate della R.S.I. il cannone da 105/27 venne impiegato dalle seguenti unità:
Gruppo Artiglieria Posizione Costiera "Gruppo Pezzini" – FB 14: 4 pezzi

ARTIGLIERIE CONTROCARRO

In questa sezione sono stati inseriti tutti i cannoni, italiani o stranieri, costruiti in modo specifico con la funzione di lotta anticarro. Nei Reparti della R.S.I. sono stati quasi costantemente utilizzati, più che nel compito precipuo di lotta al carro armato, in funzione di appoggio alla fanteria. Questo ruolo è risultato particolarmente indicato per i cannoni di piccolo calibro, oramai inutilizzabili contro i moderni carri Alleati.

ARTIGLIERIE ITALIANE

Cannone da 47/32

Arma a ripetizione ordinaria di brevetto Böhler, ma costruzione italiana Breda, venne adottata nel 1935 per sopperire alla mancanza di un'arma anticarro e per sostituire i vecchi pezzi da 65/17 per l'accompagnamento della fanteria. Le sue caratteristiche anticarro, eccellenti all'atto dell'entrata in servizio, divennero modeste già nel 1940 e insufficienti con l'apparizione dei nuovi carri armati medi e pesanti nel 1942. Fu prodotto in grandi quantità in due modelli, il modello 35, someggiabile e autotrasportabile, e il modello 39, autotrainabile. Fu il cannone standard delle Compagnie anticarro e l'unico cannone in dotazione alle truppe paracadutiste. Venne impiegato su tutti i fronti, in alcuni casi anche a bordo di camionette o altri automezzi. Fu l'arma base dei carri medi italiani. Particolarmente sentita la mancanza di uno scudo di protezione e di una vetturetta per il traino del pezzo, del tipo in uso in altri Eserciti, tipo quello olandese.

Dati tecnici cannone da 47/32 modello 35

Peso pezzo in batteria: 277 kg
Settore di tiro verticale: -10° +56°
Settore di tiro orizzontale: 60°
Peso granata: 1,4 kg
Velocità iniziale: 630 m/s
Gittata massima: 7 km (700 m tiro c.c.)

Nelle Forze Armate della R.S.I. il cannone da 47/32 venne impiegato dalle seguenti unità:
- 29a Waffen-Grenadier Division der SS – Italienische n.1: 8 pezzi
- Divisione Fanteria di Marina "Decima":
    o Battaglione "Barbarigo": 2 pezzi
    o Battaglione "Lupo": 2 pezzi
    o Battaglione "Valanga": 2 pezzi modello 39
- Legione Autonoma Mobile "Ettore Muti": 2 pezzi
- Brigata Nera "Ather Capelli": 2 pezzi
- Reggimenti Alpini "Tagliamento": 15 pezzi (uno per compagnia più sei alla Compagnia "Montenero")
  - I (LI) Battaglione Bersaglieri Difesa Costiera: (?) pezzi
  - II (XX) Battaglione Bersaglieri Difesa Costiera: 4 pezzi (uno per compagnia)
  - V Battaglione Difesa Costiera: 2 pezzi
  - Raggruppamento "Cacciatori degli Appennini": (?) pezzi
  - 1° Battaglione "Granatieri di Sardegna": (?) pezzi
  Raggruppamento Anti Partigiani: (?) pezzi

ARTIGLIERIE STRANIERE

Fucile controcarro S da 20 mm
Versione migliorata del fucile universale Solothurn 20 mm realizzato dalla Casa Svizzera Waffenfabrik nel 1933/ '35, venne introdotto nel Regio Esercito nel 1940, con i primi esemplari consegnati alla 10ª Armata in Libia. Utilizzava la stessa cartuccia calibro 20 della Breda e della Scotti - Isotta Fraschini - OM italiane e della Rheinmetall tedesca. Poteva essere impiegata sia sull'apposito carrello di trasporto sia su bipede. Durante il conflitto venne sistemata anche a bordo di automezzi, camionette desertiche, e di carri L3. Venne principalmente impiegato in Africa Settentrionale.

Dati tecnici fucile controcarro S da 20 mm modello39
Peso arma: 54,7 kg
Peso totale con carrello: 127 kg
Settore di tiro verticale: -0° +10°
Settore di tiro orizzontale: 50°
Peso granata: 135 gr
Velocità iniziale: 832 m/s
Gittata massima: 1.500 m

Nelle Forze Armate della R.S.I. il fucile controcarro da 20 mm venne impiegato dalle seguenti unità:
- XV Battaglione Difesa Costiera "Benito Mussolini": 1 o 2 pezzi
- Battaglione "Fulmine" Divisione Fanteria di Marina "Decima": 2 pezzi
- Legione Autonoma Moblie "Ettore Muti": almeno 3 pezzi

Cannone Hotchkiss da 25/72 modello34 e modello37
Prodotto dalla Hotchkiss francese in due versioni modello 34 e 37, divenne uno dei materiali d'artiglieria regolamentari del Regio Esercito dopo il breve conflitto con la Francia nel 1940, a seguito del quale ottenne 43 complessi in base alle clausole armistiziali e altri 250 dalla Germania. La bocca da fuoco era montata su un affusto a 2 code, munito di ruote pneumatiche e di scudo con bordo superiore orlato per confondere l'individuazione a distanza. Era dotato di buon potere perforante, nonostante il piccolo calibro, grazie alla elevata velocità iniziale e al cartoccio granata con nucleo al tungsteno. Di rilievo l'ampio settore di tiro orizzontale e la ridotta sagoma verticale. Punti deboli, il notevole peso e la mancanza di un proiettile perforante. Con il 25/72 vennero rinforzate le Divisione motorizzate e di fanteria dislocate in Africa settentrionale, dove fu utilizzato anche in Tunisia. Alcuni pezzi vennero impiegati in funzioni di difesa costiera e antisbarco.

Dati tecnici cannone da 25/72
Peso pezzo in batteria: 480 kg
Settore di tiro orizzontale: 60°
Velocità iniziale: 950 m/s

Nelle Forze Armate della R.S.I. il cannone da 25/72 venne impiegato dalle seguenti unità:
- V Battaglione Difesa Costiera: 2 pezzi
- XV Battaglione Difesa Costiera "Benito Mussolini": 6 pezzi
- XVI Battaglione Difesa Costiera: 1 pezzo

Cannone 3,7 cm. PaK – 35/36

Realizzato su progetto Rheinmetall-Borsig negli anni '30, venne utilizzato dalle truppe italiane già durante la Guerra di Spagna, dove 40 cannoncini vennero utilizzati per rinforzare le difese anticarro del Corpo Truppe Volontarie. Durante la campagna di Abissinia, i 30 esemplari in dotazione agli etiopi furono catturati intatti e successivamente utilizzati dal Regio Esercito contro gli inglesi nel 1940 – '41. Nel corso della guerra i tedeschi cedettero vari pezzi al Regio Esercito che li impiegò in Libia a partire dal 1941. Il 37/45 agli inizi degli anni '40 era già un pezzo inadeguato contro i moderni carri medi e pesanti, tuttavia conservava ancora una discreta validità nel supporto alla fanteria. Arma eccellente, precisa, maneggevole, di sagoma ridotta, ben protetto contro il fuoco di armi leggere, con il puntatore che poteva manovrare contemporaneamente i volantini di brandeggio, inclinazione e sparo. Venne utilizzato per armare semoventi e carri armati. Alcuni esemplari catturati in Russia furono riutilizzati dai Reparti dello CSIR e dell'ARMIR. Venne prodotto in oltre 15.000 esemplari.

Dati tecnici cannone da 37/45
Peso pezzo in batteria: 444 kg
Settore di tiro verticale: -8° +25°
Settore di tiro orizzontale: 59°
Peso granata: 700 gr
Velocità iniziale: 745 m/s
Gittata massima: 800 m

Nelle Forze Armate della R.S.I. il cannone da 37/45 venne impiegato dalle seguenti unità:
- I Legione M d'assalto "Tagliamento" G.N.R.: 3 pezzi

Cannone da 45 mm M1937 (53-k)

Cannone anticarro di produzione sovietica, catturato in grandi quantità durante l'offensiva iniziale, era l'evoluzione del modello 30 da 37 mm. Superato come cannone anticarro era impiegato come cannone d'appoggio.

Dati tecnici cannone da 45 mm M1937
Peso pezzo in batteria: 560 kg

Settore di tiro verticale: -8° + 25°
Settore di tiro orizzontale: 60°
Velocità iniziale: 760 m/s

Nelle Forze Armate della R.S.I. il cannone da 45 modello 37 venne impiegato dalle seguenti unità:
- XVI Battaglione Difesa Costiera : 1 pezzo

Cannone da 7,5 cm. PaK 40

Progettato dalla Rheinmetall, costituiva in pratica la versione ingrandita del PaK-38 da 5 cm. Dotato di eccellenti prestazioni balistiche e con dimensioni contenute, venne criticato per il peso eccessivo che lo rendeva poco maneggevole e mobile su terreno vario. Costruito in migliaia di esemplari, il PaK 40 fu la principale arma controcarro dell'esercito tedesco negli ultimi tre anni di guerra e venne impiegato anche per armare semoventi, cacciacarri, carri armati e treni armati. Nel 1945, con munizionamento sempre più perfezionato, era in grado di perforare la corazza frontale di tutti i principali carri russi ed alleati. Nel giugno 1943 il Regio Esercito ne decise l'adozione e la riproduzione su licenza, con un ordine di 1.000 esemplari. Alla data dell'armistizio ne erano stati consegnati solo poche decine di esemplari, dei quali 42 adibiti a compiti di difesa costiera in Grecia ed Egeo.

Dati tecnici cannone da 75/43 modello 40
Peso pezzo in batteria: 1.425 kg
Settore di tiro verticale: -5° +22°
Settore di tiro orizzontale: 65°
Peso granata: 3,2 kg
Velocità iniziale: 933 m/s

Nelle Forze Armate della R.S.I. il cannone da 75/43 venne impiegato dalle seguenti unità:
- Divisione Bersaglieri "Italia": (?) 17 pezzi previsti nelle tabelle di armamento (probabilmente una Batterie con 4 pezzi)
- Divisione Alpini/Granatieri "Littorio": 20 pezzi (?) (esiste la certezza di almeno 1 Batterie con 4 pezzi)
- Divisione Fanteria di Marina "San Marco": 22 pezzi (?) (probabilmente solo previsti nelle tabelle)
- Divisione Alpina "Monterosa": 20 pezzi (alcuni pezzi successivamente vennero sostituiti con dei Panzerschreck)
- 29a Waffen-Grenadier Division der SS – Italienische n.1: (?) pezzi

▲ Cannone da 47/32 pronto al fuoco del Battaglione "Valanga" della Divisione Fanteria di Marina "Decima". I militari indossano il tipico completo mimetico dei marò ed hanno raffigurato, sul lato sinistro dell'elmetto, il tricolore (Archivio Roberti).

▼Marò del Battaglione "Valanga" in addestramento con cannone anticarro da 47/32 nella zona di Vittorio Veneto, inverno 1944 (Archivio Roberti).

▲ Un'altra immagine dell'esercitazione raffigurata nella fotografia precedente: i militari del "Valanga" hanno messo in posizione il cannone da 47/32, che ore è pronto al fuoco (Archivio Roberti).

▼Postazione con cannone da 47/32 del Reggimento Alpini "Tagliamento" a Tolmino (Archivio Reggimento Alpini "Tagliamento").

▲ Bersaglieri del Battaglione "Isonzo" del Reggimento Alpini "Tagliamento" a Canale con un cannone da 47/32 (Archivio Reggimento Alpini "Tagliamento").

▼I due cannoni anticarro da 47/32 della 1ª Brigata Nera "Ather Capelli " di Torino ritratti insieme ad una mitragliera da 20 mm e ad un'Autocarretta in una rara fotografia risalente all'inverno 1944 – '45, pubblicata sulla rivista dell'epoca "Segnale Orario" (Monti - Satiz).

▲ Legionari con cannone da 47/32 della 29ª Waffen-Grenadier Division der SS – Italienische n.1 (Archivio Arena).

▼ Evocativa immagine di un pezzo controcarro delle SS Italiane, pronto a fare fuoco (Archivio Pisanò).

▲ Bersaglieri del Battaglione "Mussolini" con un fucile controcarro Solothurn 20 mm (Archivio Cucut).

▼ Cerimonia di consegna del gagliardetto al Battaglione "Fulmine" della Divisione "Decima" in piazza Castello a Torino nell'ottobre 1944. In primo piano si notano i fucili controcarro Solothurn 20 mm in dotazione al reparto (Archivio Panzarasa).

▲ Anche presso la Legione "Ettore Muti" di Milano erano in servizio tre fuciloni Solothurn, in questa immagine pronti al traino durante una rivista (Archivio Crippa).

▼ Un soldato tedesco addestra un commilitone italiano al tiro con il cannone anticarro PaK 37 (Archivio Arena).

▲ Un cannone anticarro da 37 mm viene portato celermente in postazione da legionari della "Tagliamento" durante un'operazione di rastrellamento in Centro Italia nell'estate del 1944. Il pezzo, pronto a fare fuoco, è stato mimetizzato con delle frasche (Archivio Pisanò).

▼ La Compagnia Armi di Accompagnamento della "Tagliamento" schierata al completo: oltre ai tre cannoni PAK 37, il reparto disponeva anche di 7 mortai da 81 mm (Archivio Pisanò).

▲ Prove di tiro con i cannoni anticarro della Legione "Tagliamento" nell'estate 1944: i militari indossano l'uniforme estiva della G.N.R., composta da giacca sahariana e pantaloni corti color cachi (Archivio Pisanò).

▼ Cannone russo da 45 mm M1937 (53-k) russo in servizio presso il caposaldo di Drenova del XVI Battaglione Difesa Costiera (Archivio Cucut).

▲ Marò della Divisione "San Marco" in addestramento in Germania con cannoni da 7,5 cm. PaK 40 (Archivio Monterosa).

▼ Un cannone da 7,5 cm PaK 40 della Batteria Controcarro della Divisione "Littorio" in Piemonte (Archivio Cucut).

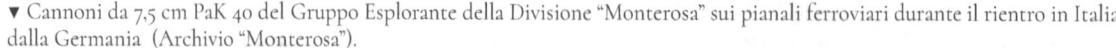

▲ Cannoni da 7,5 cm PaK 40 dei reparti della Repubblica Sociale Italiana catturati dai partigiani a Cuorgnè (TO) (Archivio Istoreto).

▼ Cannoni da 7,5 cm PaK 40 del Gruppo Esplorante della Divisione "Monterosa" sui pianali ferroviari durante il rientro in Italia dalla Germania (Archivio "Monterosa").

▲ Artiglieri di una Grande Unità dell'Esercito Nazionale Repubblicano preparano al fuoco un cannone anticarro PaK 40 (Archivio Arena).

▼Militari della 1.Batterie der Waffen-Panzerjaeger-Abteilung der SS della 29ª Legione SS Italiane mostrano agli allievi della scuola della G.N.R. di Rivoli un cannone anticarro Pak 40 (Archivio Arena).

▲ Il Waffen-Panzerjaeger-Abteilung der SS utilizzava dei trattori TL37 per il traino dei propri pezzi anticarro PaK 40 (Archivio Arena).

ARTIGLIERIE CONTRAEREI

In questa sezione sono stati inseriti tutti i cannoni e le mitragliere, italiani o stranieri, antiaerei. Nella R.S.I. la difesa antiaerea era demandata alla A.N.R., nella quale era inserita l'Artiglieria Contraerea (Ar.Co.). L'Ar.Co. era strutturata su 6 Gruppi Antiaerei riuniti in due Reggimenti, ed ogni Gruppo era normalmente costituito da Batterie Comando e da 4 a 8 Batterie Contraeree. I cannoni contraerei erano assistiti dalle centrali di tiro "Gamma" e B.G.S., asservite a funkmess "Wurzburg". L'Ar.Co. operava in stretto contatto con la Flak Italien. Si può tranquillamente sostenere che solo durante la R.S.I. la difesa antiaerea del territorio italiano raggiunse un livello quali-quantitativo mai raggiunto negli anni precedenti. Nella difesa a bassa quota contro i cacciabombardieri Alleati, sia di obiettivi militari che civili, furono utilizzate centinaia di mitragliere. Ai Reparti dell'Ar.Co. sono attribuiti 128 abbattimenti. Le mitragliere da 20mm vennero utilizzate sia nella naturale funzione antiaerea originale, sia, soprattutto in molti piccoli Reparti non indivisionati, come arma da accompagnamento e appoggio alla fanteria durante azioni di controguerriglia.

ARTIGLIERIE ITALIANE

Cannone - Mitragliera Breda da 20/65 modello35
Nel 1935 venne adottato, per la difesa contraerea a bassa quota e per il tiro controcarro, il cannone-mitragliera da 20 mm realizzato dalla Breda già nel 1932. Venne costruito in due modelli, il modello 35 su affusto a piattaforma girevole, a code, trasformabile per il traino su affusto a ruote e il modello 39 da posizione. Gli ultimi esemplari prodotti avevano ruote di piccolo diametro in elektron. Quasi tutti i complessi prodotti durante la guerra e quelli montati sulle camionette avevano il congegno di mira semplificato. Costruito in notevoli quantitativi venne installato anche su carri leggeri, autoblindo e camionette. Arma efficace per il tiro a bassa quota contro aerei, aveva prestazioni similari alle migliori realizzazioni straniere, tuttavia verso la metà del conflitto era considerata superata. Venne impiegato su tutti i fronti.

Dati tecnici mitragliera da 20/65
Peso pezzo in batteria: 330 kg
Settore di tiro verticale: -10° +80°
Settore di tiro orizzontale: 360°
Peso granata: 135 Gruppo
Velocità iniziale: 840 m/s
Gittata massima: 5,5 km – 2,7 km c.a.

Nelle Forze Armate della R.S.I. la mitragliera da 20/65 venne impiegato dalle seguenti unità:
- Ar.Co.: (?) Batterie (?) pezzi
- Divisione Bersaglieri "Italia": (?) pezzi
- Divisione Alpini/Granatieri "Littorio": (?) pezzi
- Divisione Fanteria di Marina "San Marco": (?) pezzi
- Divisione Alpina "Monterosa": 15 pezzi
- Divisione Fanteria di Marina "Decima":
    - Battaglione "Sagittario": 1 pezzo
    - Battaglione "Lupo": 4 pezzi
    - Gruppo Artiglieria "Alberto Da Giussano": 4 pezzi
    - Gruppo Contraereo "Q": (?) pezzi
- 29a Waffen-Grenadier Division der SS – Italienische n.1: 2 pezzi (accertati, probabilmente il numero era maggiore)
- Legione Autonoma Mobile "Ettore Muti": 9 pezzi
- Brigata Nera "Ather Capelli": 1 pezzo
- Gruppo Squadroni Corazzato "Leoncello": 4 pezzi
- I (LI) Battaglioni Bersaglieri Difesa Costiera: (?) pezzi
- IV (XVIII) Battaglioni Bersaglieri Difesa Costiera: (?) pezzi
- VI Battaglioni Difesa Costiera: (?) pezzi (almeno 2)
- XIV Battaglioni Difesa Costiera: 1 pezzo
- XV Battaglioni Difesa Costiera "Benito Mussolini": 6 pezzi
- Raggruppamento "Cacciatori degli Appennini": (?) pezzi
- Milizia Difesa Territoriale (G.N.R.): (?) pezzi
- XII Gruppo Artiglieria Posizione Costiera: 1 pezzo

Cannone - Mitragliera Scotti-Isotta Fraschini - O.M. da 20/70
Il prototipo risale al 1932 ed il primo esemplare venne costruito dalla Isotta Fraschini, nel 1938 venne migliorata, nel 1939 fu definita, ma solo nel 1941 venne adottata dal Regio Esercito come modello 41, mentre nella Regia Aeronautica e nella Regia Marina era già in servizio il modello 39 su affusto a candeliere per uso a terra e a bordo. Le caratteristiche balistiche ed il munizionamento non differivano da quelle del modello 35. Vennero realizzati e impiegati due modelli da posizione, uno dei quali su affusto semplificato.

Dati tecnici mitragliera da 20/70
Peso pezzo in batteria: 386 kg
Settore di tiro verticale: -10° +85°
Peso granata: 135 gr
Velocità iniziale: 830 m/s

Nelle Forze Armate della R.S.I. la mitragliera da 20/70 venne impiegato dalle seguenti unità:
- Ar.Co.: (?) Batterie (?) pezzi
- Legione Autonoma Mobile "Ettore Muti": (?) pezzi su autocarro Alfa Romeo 800, almeno 2 pezzi montati su carrelli blindati, (?) pezzi al traino di autocarri leggeri.

Cannone - Mitragliera Breda da 37/54

Adottata dalla Regia Marina nel 1932 su affusto binato, venne selezionata nel 1939 dal Regio Esercito in installazione a piedistallo per arma singola da posizione. Su richiesta del Regio Esercito, nel 1941, la Breda montò l'arma su un affusto carrellato a crociera modello41 per la protezione a bassa-media quota delle unità di campagna, che venne però scartata a favore del Bofors da 40/56. Fu la principale arma contraerei a media gittata in dotazione al Regio Esercito, alla Regia Marina ed alla Milizia. Venne impiegata in Africa settentrionale e orientale, Egeo, Balcani e nella Penisola. Un totale di 18 batterie partecipò alla difesa della Sicilia.

Dati tecnici mitragliera da 37/54
Peso pezzo in batteria: 2.975 kg
Settore di tiro verticale: -0° +90°
Settore di tiro orizzontale: 360°
Peso granata: 828 gr
Velocità iniziale: 800 m/s
Gittata massima: 6,8 km – 4 km c.a.

Nelle Forze Armate della R.S.I. la mitragliera da 37/54 venne impiegato dalle seguenti unità:
- Divisione Fanteria di Marina "Decima":
    o Reggimento Artiglieria "Condottieri" - Gruppo Artiglieria "Colleoni": 1 pezzo
    o Gruppo Contraereo "Q": (?) pezzi
- Ar.Co.: (?) Batterie (?) pezzi

Cannone da 75/46

Progettato dall'Ansaldo venne realizzato in 10 esemplari di preserie nel 1932 ed adottato, nel 1933, dopo i soddisfacenti esiti delle prove a fuoco. Nel 1939 erano disponibili 92 esemplari. Il 75/46 era una buona arma contraerei: forte velocità iniziale, elevata celerità di tiro, ampi settori di tiro verticale ed orizzontale, congegni di puntamento idonei al tiro diretto e indiretto. Montato su affusto a crociera munito di carrello elastico a ruote ed avantreno per il traino meccanico, venne prodotto in tre versioni: modello 34 campale, modello 34 M campale con traino meccanico semplificato e possibilità di impiego in associazione a centrale di tiro tipo Gamma, modello40 DICAT da posizione. Nell'impiego come pezzo antiaereo da posizione fu presto superato, causa alcuni inconvenienti tecnici che diminuirono sensibilmente l'ordinata massima, non consentendo di raggiungere le quote alle quali operavano i bombardieri Alleati. Venne utilizzato anche come arma controcarro, dove ottenne discreti successi. Venne impiegato durante la guerra di Spagna, dove ebbe il battesimo del fuoco, quindi in Africa orientale e settentrionale, Grecia, Russia e Sicilia. Nel 1941 la versione autocampale assunse la denominazione di cannone contraerei e controcarro da 75/46. Dopo l'8 settembre armò pochi semoventi cacciacarri su scafo del carro M impiegati dai tedeschi.

Dati tecnici cannone da 75/46
Peso pezzo in batteria: 3.330 kg
Settore di tiro verticale: -0° +90°

Settore di tiro orizzontale: 360°
Peso granata: 6,5 kg
Velocità iniziale: 750 m/s
Gittata massima: 13 km – 8,5 km c.a.

Nelle Forze Armate della R.S.I. il cannone da 75/46 venne impiegato dalle seguenti unità:
- Ar.Co.:
    o IV Gruppo "Cavalli": 2 Batterie - 8 pezzi
    o VI Gruppo "Paganuzzi": 2 Batterie - 8 pezzi

Cannone da 76/40

Pezzo progettato dalla inglese Armstrong, venne adottato dalla Regia Marina nel 1897 e riprodotto su licenza in Italia dalla Armstrong Pozzuoli e dagli Arsenali Navali, oltre che dalla Vickers Terni durante la Prima Guerra Mondiale. Nel 1935 vennero destinate 240 bocche da fuoco alla difesa contraerea territoriale, prelevandole dalla Regia Marina. Tali pezzi vennero modificati montandoli su un nuovo affusto a piedistallo di nuova progettazione, studiata dall'Arsenale di Venezia e prodotto dall'Ansaldo e dalla Breda. Questi pezzi assunsero la denominazione di 76/40 modello 35 e vennero impiegate dalla MACA e dai gruppi contraerei del Regio Esercito. Nei primi anni di guerra era già inadeguato, causa la scarsa ordinata raggiungibile.

Dati tecnici cannone da 76/40
Settore di tiro orizzontale: 360°
Peso granata: 6 kg
Velocità iniziale: 690 m/s
Gittata massima: 12,7 km – 6 km c.a.

Nelle Forze Armate della R.S.I. il cannone da 76/40 venne impiegato dalle seguenti unità:
- Ar.Co.: (?) Batterie (?) pezzi
- IX Gruppo Artiglieria Posizione Costiera: 2 Batterie - 8 pezzi
- XI Gruppo Artiglieria Posizione Costiera: (?) Batterie - (?) pezzi

Cannone da 90/53

Nel 1938 il Regio Esercito decise di adottare un cannone contraerei più potente del 75/46, in grado di colpire bombardieri a quote superiori a 10 km. Venne preso in considerazione un progetto Ansaldo da 90 mm in studio per conto della Regia Marina. Nell'aprile 1939 venne dato incarico alla ditta genovese di procedere all'allestimento di una versione derivata per l'impiego terrestre. Nel gennaio 1940 il primo complesso da posizione risultò ultimato. Le prove si svolsero a Nettunia nell'aprile 1940 e, dato l'esito positivo, venne deciso di procedere alla produzione di serie. Si cercò di unificare le versioni per la Regia Marina e per il Regio Esercito ma, non riuscendo a trovare l'intesa, si procedette alla costruzione del 90/53 per il Regio Esercito e del 90/50 per la Regia Marina. Durante il conflitto però, sia la Marina che la MILMART utilizzarono numerosi 90/53, mentre il Regio Esercito valutò l'opportunità di utilizzare il 90/50 per la difesa di Roma. Nella produzione vennero coinvolte, oltre all'Ansaldo, OTO, Officine Reggiane, Comerio, Officine di Gorizia, CRDA, Galileo, San Giorgio, per quanto riguarda la costruzione degli affusti e degli strumenti di puntamento. Discorso più complesso per i carrelli destinati ai complessi campali. A seguito di lunghe prove su tre diversi prototipi, venne prescelto il carro piattaforma Ansaldo e l'ordinazione venne passata alla Motomeccanica, che però ebbe la licenza di costruzione solo nel giugno 1941. Le prime piattaforme per cannone da 90/53 modello41 C furono consegnate solo alla fine del 1942. Nel frattempo, i 90/53 vennero installati sugli autocarri Lancia 3RO e Breda 51, oltre a servire per armare 30 semoventi su scafo del carro M41. Nel tiro contraerei venne associato a centrali di tiro Gamma e BGS. Il cannone da 90/53 venne impiegato soprattutto per la difesa contraerei e costiera del territorio nazionale, gli autocannoni operarono in Libia, Tunisia, Francia del sud e Sicilia, i semoventi in Sicilia. Dopo l'8 settembre la produzione continuò per le esigenze delle Forze Armate tedesche, che utilizzarono il cannone in Italia e in Germania, con la denominazione di 9,0 cm. Flak-41 (i). Il cannone da 90/53 risultò un'ottima bocca da fuoco, con caratteristiche balistiche superiori all'88/55 tedesco, una vera arma multiruolo in grado di operare nel tiro contraerei, controcarro, antisbarco, antinave e contro obiettivi terrestri. Purtroppo, la mancanza: di centrali di tiro, di radar, di fotoelettriche di grande potenza, la scarsa dotazione di munizionamento e di spolette meccaniche a tempo, vanificarono le ottime prestazioni di questa eccellente bocca da fuoco, che rimase in dotazione all'Esercito e alla Marina sino agli anni '60. I primi autocannoni allestiti su autocarri pesanti vennero criticati per la sagoma eccessivamente alta per l'impiego in territorio desertico, la scarsa mobilità su terreno vario, i lunghi tempi di passaggio dalla configurazione di traino a quella di fuoco.

Dati tecnici cannone da 90/53
Peso pezzo in batteria: 6.240 kg
Settore di tiro verticale: -2° +85°
Settore di tiro orizzontale: 360°
Peso granata: 10.1 kg
Velocità iniziale: 850 m/s
Gittata massima: 17,4 km – 12 km c.a.

Nelle Forze Armate della R.S.I. il cannone da 90/53 venne impiegato dalle seguenti unità:
- Ar.Co. :
    - I Gruppo "Amerio": (?) Batterie - (?) pezzi
    - II Gruppo "Frattini": 4 Batterie - 16 pezzi
    - III Gruppo "Gambassini": 4 Batterie - 16 pezzi
    - IV Gruppo "Cavalli": 4 Batterie - 16 pezzi
    - V Gruppo "Lattanti": 4 Batterie - 16 pezzi
    - VI Gruppo "Paganuzzi": 4 Batterie - 16 pezzi
- Divisione Fanteria di Marina "Decima": Reggimento Artiglieria "Condottieri"- Gruppo Artiglieria "Colleoni": 1 autocannone
- 1a Divisione Antiparacadutisti e Contraerea "Etna" - G.N.R.: (?) pezzi
- 1114° Gruppo Artiglieria Pesante (Francia) - 3 Batteria: 12 pezzi

- I Gruppo Artiglieria Posizione Costiera - 2a Batteria: 4 pezzi
- II Gruppo Artiglieria Posizione Costiera - 5a Batteria: 4 pezzi
- IX Gruppo Artiglieria Posizione Costiera - 4 Batteria (?) 16 pezzi
- XI Gruppo Artiglieria Posizione Costiera - (?) Batteria (?) pezzi
- Gruppo Artiglieria Posizione Costiera "Gruppo Pezzini" – FB 16: 4 pezzi

Nota
Nel Centro Reclutamento, presso gli Enti di addestramento e nei Depositi dell'Ar.Co., erano presenti un totale di 28 batterie di cannoni di vario calibro.

ARTIGLIERIE STRANIERE

Cannone – Mitragliera da 20/65 Flak 30-38, FLAKVIERLING
Prodotta dalla Rheinmetall-Borsig, la Flak-30 venne adottata dalla Kriegsmarine nel 1934 e dalla Luftwaffe nel '35. Derivava dalla mitragliera di origine navale MG C/30L da 2 cm adottata dal Reichswehr nel 1931. Era caratterizzata da un unico affusto a piattaforma impiegato indifferentemente in postazioni fisse o mobili, da un complicato meccanismo elettro-ottico di mira ed era alimentata da un serbatoio a scatola da 20 colpi. I difetti principali erano: l'elevato peso dell'affusto, la scarsa cadenza di tiro, la scarsa velocità nel brandeggio e nella punteria. La Mauser venne incaricata delle modifiche che portarono alla realizzazione della Flak 38 nel 1939/40. Nel Regio Esercito le prime Flak da 20/65 vennero ottenute a seguito dell'occupazione della Grecia, successivamente la Germania consegnò decine di pezzi di ambedue i modelli. Venne impiegata nella difesa contraerei territoriale in Italia, Egeo e Grecia.

Per aumentare maggiormente il volume di fuoco e compensare lo scarso potere distruttivo, venne adottato un affusto quadrinato Flakvierling Flak-38. Anche tale complesso venne introdotto nel Regio Esercito in qualche decina di esemplari. Oltre al Regio Esercito, anche la Regia Marina introdusse la mitragliera tedesca quadrinata per armare il naviglio minore. Nel novembre 1943 la Viberti installò sulla camionetta AS43 una Flak-38 singola, ne vennero costruiti 13 esemplari per i Reparti esploranti tedeschi.

Dati tecnici cannone - mitragliera da 20/65
Peso pezzo in batteria: 470 kg (secondo altre fonti 412kg)
Settore di tiro verticale: -10° +90° (secondo altre fonti -20°+90°)
Settore di tiro orizzontale: 360°
Peso granata: 115 gr
Velocità iniziale: 900 m/s
Gittata massima: 4,8 km – 3,8 km c.a.

Nelle Forze Armate della R.S.I. le mitragliere Flak 30 e Flak 38 da 20/65 vennero impiegate dalle seguenti unità:
- Ar.Co.: (?) Batterie (?) pezzi

Cannone - Mitragliera Oerlikon da 20/70

Arma paragonabile al modello Breda, era caratterizzata da un affusto dotato di ruote di grande diametro trainabile da un automezzo leggero. Era impiegabile sia per il tiro contraereo che terrestre, su ruote o su treppiede. Su affusto a candeliere era destinata all'impiego fisso, a bordo e a terra. Venne introdotto nel 1940 acquistando esemplari sia campali che da posizione. Nel modello campale era in dotazione alle unità da sbarco della Regia Marina e delle Camicie Nere Speciali.

Dati tecnici mitragliera da 20/70
Peso pezzo in batteria: 247/291/363 kg a secondo del modello
Settore di tiro verticale: -15° +85°
Settore di tiro orizzontale: 360°
Peso granata: 126 gr
Velocità iniziale: 830 m/s
Gittata massima: 5 km – 3,7 km c.a.

Nelle Forze Armate della R.S.I. la mitragliera da 20/70 venne impiegato dalle seguenti unità:
  • Ar.Co.: (?) Batterie (?) pezzi

Cannone Flak-18 da 8,8 cm

Studiato segretamente dai tecnici tedeschi inviati in Svezia per eludere le clausole del trattato di Versailles, nel 1933, con l'avvento del nazionalsocialismo, venne subito messo in produzione presso la Krupp. Pezzo dalle ottime caratteristiche balistiche assicurate da una lunga bocca da fuoco e da un munizionamento molto perfezionato, era estremamente mobile grazie al carrello a 2 assi a sospensioni elastiche trainato da un trattore semicingolato, inoltre era dotato di strumenti di puntamento molto avanzati che consentivano il tiro diretto e indiretto, con l'arma asservita alla centralina di tiro Zeiss. Sin dal battesimo di fuoco in Spagna, si dimostrò una micidiale arma controcarro, in grado di mettere fuori combattimento tutti i carri in servizio. Dal Flak-18 vennero derivate altre due versioni migliorate: la Flak-36 e la Flak-37. Venne costruito in più di 10.000 esemplari fino alla fine del conflitto, fu utilizzato per armare mezzi corazzati, vagoni ferroviari, naviglio leggero, postazioni costiere, oltre al naturale impiego di arma contraerea. Nel Regio Esercito i primi 88/55 entrarono in servizio nel 1940, schierati parte in Africa settentrionale e parte assegnate alla MACA. Nei 1943 erano oltre 100 le batterie in servizio, alcune delle quali asservite al radar. Venne impiegato in Africa settentrionale, Tunisia, Grecia, Egeo, Italia. Solo in Libia e Tunisia l'88/55 venne utilizzato dal Regio Esercito anche in funzione controcarro.

Dati tecnici cannone da 88/55
Peso pezzo in batteria: 5.500 kg
Settore di tiro verticale: -3° +85°
Settore di tiro orizzontale: 360°
Peso granata: 9,1 kg
Velocità iniziale: 820 m/s
Gittata massima: 14,8 km – 10,6 km c.a.

Nelle Forze Armate della R.S.I. il cannone da 88/55 venne impiegato dalle seguenti unità:
  • 1a Divisione Antiparacadutisti e Contraerea "Etna" – G.N.R.: (?) pezzi

▲ Mitragliera Breda da 20/65 mod.35, in postazione su piattaforma sopraelevata, utilizzata dal Reggimento della Milizia Difesa Territoriale in Istria (Archivio Arena).

▼ Alpini del Reggimento Alpini "Tagliamento" a Chiesa San Giorgio con una mitragliera Breda da 20/65 (Archivio Reggimento Alpini "Tagliamento").

▲ Serventi Alpini della Divisione "Monterosa" in una postazione sulla costa ligure dotata di mitragliera da 20/65 fissa (Archivio "Monterosa").

▲ Curiosa postazione nelle retrovie della Linea Gotica, dotata di mitragliera da 20/65 della Divisione "Etna" G.N.R., camuffata in modo da apparire un covone di fieno (Archivio Viziano).

▼ Mitragliera da 20/65 del Gruppo Artiglieria "Alberto da Giussano" della Divisione "Decima" sulla Linea Gotica, messa in batteria in una buca mimetizzata con mezzi di fortuna (Archivio Panzarasa).

▲ I serventi di questa Breda 20/65 della Decima si trovano ad operare in condizioni climatiche ed ambientali veramente difficili (Archivio Arena).

▼ Prima della partenza per il fronte del Senio, il Battaglione "Lupo" della Divisione "Decima" sfila in pieno assetto di guerra per le vie di Milano (Archivio Crippa).

▲ Il "Lupo" della X MAS aveva in dotazione 4 mitragliere antiaeree Breda da 20/65, molto utili per difendere i propri reparti soprattutto sul Senio, dove erano facile bersagli dell'aeronautica nemica (Archivio Crippa).

▼ Postazione dotata di mitragliera da 20/65 del Battaglione Bersaglieri "Mussolini" a Piedicolle (Archivio Francesconi).

▲ Mitragliera da 20 mm della Brigata Nera di Torino "Capelli", fotografata durante una Messa al campo (Monti - Satiz)

▼ Arditi della Legione "Ettore Muti di Milano, fotografati in Piemonte con una mitragliera da 20/65 (Archivio Sandri).

▲ Almeno due autocarri Alfa Romeo 430 della Legione "Muti", reparto di arditi inserito nella Polizia Repubblicana, erano stati dotati di mitragliere antiaeree Scotti-Isotta Fraschini-O.M. da 20/70 (Archivio Sandri).

▼ Primo piano di una mitragliera Scotti-Isotta Fraschini-O.M. da 20/70 su affusto a candeliere, installata su Alfa Romeo 430, della Legione Autonoma Mobile "Ettore Muti", ripreso nel corso della sfilata tenuta il 17 dicembre 1944 a Milano in occasione della visita di Mussolini (Archivio Sandri).

▲ Carrello blindato armato con mitragliera Scotti della Legione "Muti" catturato a Milano dai partigiani durante l'insurrezione del 25 aprile (Archivo Crippa).

▼ Mitragliera Scotti in postazione fissa servita da avieri di un Battaglione Antiparacadutisti dell'Aeronautica Nazionale Repubblicana. I militari utilizzano gli elmetti con l'aquila repubblicana dell'Esercito, consuetudine diffusa tra i militari dei Battaglioni Antiparacadutisti (Crippa).

▲ Alcune mitragliere Scotti della "Muti" venivano trainate da piccoli autocarri FIAT 508 (Archivio Crippa).

▲ Avieri del VII Battaglione Anti Paracadutisti a difesa di un aeroporto nella bergamasca, con una mitragliera antiaerea Scotti da 20mm (Archivio Arena).

▲ Postazione contraerea armata di mitragliera Scotti in un aeroporto del Nord Italia (Archivio Crippa).

▼ Mitragliera Scotti-Isotta Fraschini - O.M. da 20/70 in servizio in una batteria antiaerea dell'Ar.Co. (Archivio Arena).

▲ Servente di una mitragliera binata Breda 37/54 dell'Ar.Co. (Archivio Arena).

▼ Cannone da 76/40 in dotazione di un Gruppo Artiglieria antiaerea dell'Ar.Co. (Archivio Arena).

▲ Cannone contraereo da 76/40 impiegato dal IX Gruppo Artiglieria Posizione Costiera (Archivio Arena).

▲ Avieri dell'Ar.Co. impiegati in una batteria mista dotata di cannoni antiaeree da 76 mm. L'autocarro è un Lancia 3RO italiano (Archivio Arena).

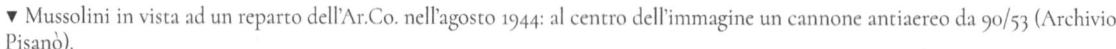

▲ Artiglieri dell'Ar.Co. durante un attacco aereo. Durante la R.S.I., l'Artiglieria Contraerea fu assegnata all'Aeronautica Nazionale Repubblicana (Archivio Arena).

▼ Mussolini in vista ad un reparto dell'Ar.Co. nell'agosto 1944: al centro dell'immagine un cannone antiaereo da 90/53 (Archivio Pisanò).

▲ Cannone da 90/53 del I Gruppo "Amerio" dell'Ar.Co. (Archivio Arena).

▲ Serventi intenti al caricamento di un cannone da 90/53 in servizio in un Gruppo dell'Ar.Co. (Archivio Arena).

▼ Pezzo antiaereo da 90/53 dell'Ar.Co. pronto a dare fuoco (Archivio Arena).

▲ Serventi di un pezzo contraereo da 90/53 dell'Ar.Co. scrutano il cielo in cerca di aeroplani nemici (Archivio Arena).

▼ Batteria di cannoni da 90/53 dell'Ar.Co. (Archivio Arena).

▲ La canna di questo cannone da 90/53 dell'Ar.Co. è al massimo dell'elevazione, puntato verso il cielo, pronto a fare fuoco contro velivoli nemici (Archivio Arena).

▲ Questa immagine permette di apprezzare la disposizione dei pezzi di una batteria dell'Ar.Co., mentre in primo piano si può vedere un operatore che attraverso la radio può diramare rapidamente le coordinate di tiro a tutti i pezzi (Archivio Arena).

▼ Giovani legionari della Divisione "Etna" della Guardia Nazionale Repubblicana durante un attacco aereo negli ultimi giorni di guerra (Archivio Arena).

▲ Personale di una Batteria antiaerea mista italo – tedesca manovra una mitragliera da 20/65 Flak 38 (Archivio Pisanò).

▼ Avieri della Repubblica Sociale inquadrati nella 4ª Batteria del 331° Gruppo Flak con un cannone antiaereo da 88/54. Questa Batteria, dislocata a Ghedi (BS), era composta esclusivamente da giovani lombardi (Archivio Pisanò).

▲ Cannone Flak-18 da 8,8 cm in servizio presso la IX Compagnia Autonoma della Divisione "Etna" della G.N.R. a Bagnolo S. Vito (MN), sulla Linea Gotica (Archivio Giusto).

▲ Legionario della "Etna" manovra un cannone Flak-18 a Correggio Micheli (MN). La Divisione "Etna" era una grande unità della Guardia Nazionale Repubblicana, formata riunendo le unità contraeree e antiparacadutisti fino ad allora autonome (Archivio Giusto).

▲ Giovani legionari della Divisione "Etna" con un cannone antiaereo da 8,8 cm (Archivio Pisanò)

CONCLUSIONI

Parlare di conclusione, quando si tratta delle Forze Armate della R.S.I., è sempre perlomeno azzardato, la carenza di informazioni e documentazione, la scomparsa dei diari storici dei Reparti, la difficoltà nel trovare ancora reduci disponibili a raccontare la loro storia, crea senza dubbio notevoli difficoltà nel reperire dati certi da verificare e pubblicare. I dati trascritti sono quindi riferiti solamente a quelli di cui esiste la certezza, anche se come si può vedere in molti casi sono lacunosi. Nonostante ciò, si è voluto comunque indicare almeno il Reparto nel quale certamente erano presenti i pezzi di artiglieria in oggetto, in modo da consentire agli appassionati di poter effettuare ulteriori ricerche in merito.

▲ Serventi di un cannone da 88 della Divisione "Etna" in un momento di riposo. Poichè appartenevano alla Guardia Nazionale Repubblicana, gli artiglieri delle "Etna" indossavano la camicia nera, come tutti gli altri legionari (Archivio Arena).

BIBLIOGRAFIA

LIBRI

- Arena Nino, "L'Italia in Guerra 1940/45", Albertelli Editore, 1997.
- Arena Nino, "R.S.I. Forze Armate della Repubblica Sociale Italiana", volumi I – II – III, Albertelli Editore
- Arena Nino, "Soli contro Tutti", Edizioni Ultima Crociata, 1993.
- Associazione Reduci Reggimento Alpini "Tagliamento", "Reggimento Alpini "Tagliamento", stampato in proprio.
- Baldrati Pieramedeo, "San Marco… San Marco, Storia di una Divisione", stampato in proprio, 1989.
- Bonvicini Guido, "Decima Marinai! Decima Comandante!", Mursia, 1988.
- Cappellano Filippo, "Le Artiglierie del Regio Esercito", Storia Militare, 1998.
- Corbanese Girolamo, Mansutti Aldo, "Storia d'Italia - Zona di Operazioni del Litorale Adriatico - I Protagonisti (settembre 1943 – maggio 1945)", Aviani & Aviani editori, 2008.
- Cornia Carlo, "MONTEROSA - Storia della Divisione Alpina Monterosa", Del Bianco Editore, 1971.
- Crippa Paolo, "I carristi di Mussolini - Il Gruppo corazzato "Leonessa" dalla M.V.S.N. alla R.S.I., " Soldiershop Publishing, 2019.
- Cucut Carlo, "Alpini nella città di Fiume 1944 – 1945", Marvia Edizioni, 2012.
- Cucut Carlo, "Le forze armate della RSI 1943 – 1945 - Forze di terra", Gruppo Modellistico Trentino, 2005.
- Cucut Carlo, "Penne Nere sul confine orientale - Storia del Reggimento Alpini "Tagliamento" 1943 – 1945", Marvia Edizioni, 2008.
- Cucut Carlo, Bobbio Roberto, "Attilio Viziano - Ricordi di un corrispondente di guerra", Marvia Edizioni, 2008.
- Cucut Carlo, Crippa Paolo, " Reparti Alpini nella R.S.I." Soldiershop Publishing, 2019.
- Cucut Carlo, Crippa Paolo, "I reparti controguerriglia della R.S.I.", Marvia Edizioni, 2020.
- Cucut Carlo, Crippa Paolo, "Reparti Bersaglieri nella R.S.I.", Soldiershop Publishing, 2019.
- Cucut Carlo, Crippa Paolo, "Le divisioni dell'E.N.R. 1943 -1945", volume 1, Soldiershop Publishing, 2020.
- Cucut Carlo, Crippa Paolo, "Milizia Difesa Territoriale e Guardie Civiche nell'O.Z.A.K. 1943 -1945", Soldiershop Publishing, 2020.
- De Lazzari Primo, "Le SS Italiane", Teti Editore, 2002.
- Fiaschi Cesare, "Un Alpino dal Regio Esercito alla R.S.I.", Editrice Lo Scarabeo, 2005.
- Francesconi Teodoro, "Bersaglieri in Venezia Giulia 1943/1945, Casa Editrice del Baccia, 1969.
- Gamberini Maurizio, Maculan Riccardo, "Battaglione Fulmine Xa Flottiglia Mas 1944/1945", Editrice Lo Scarabeo, 1994.
- Giusto Michele, "L'Ultima frontiera dell'Onore Fiamme Bianche al fronte - IX Compagnia Autonoma Cacciatori di Cacc. Carri - Divisione "Etna" G.N.R.", NovAntico Editore, 2001.
- Kuchler Heinz, "Fregi, Mostrine e Distintivi della R.S.I.", Intergest, 1974.
- La Serra Raffaele, "Il Battaglione Guastatori Alpini Valanga", 1999.
- Mengoli Silvia, "Una Valle un Reggimento 1944/1945 il 4° Alpini in Valle d'Aosta", Editrice Lo Scarabeo, 1997.
- Occhi Roberto, "Siam Fatti Così! Storia della Legione Mobile Ettore Muti", Ritter Edizioni, 2002.
- Perissinotto Marino, "Duri a Morire - Storia del Battaglione di Fanteria di Marina "Barbarigo", Albertelli Editore, 1997.
- Perissinotto Marino, Panzarasa Carlo Alfredo, "Come la Fenice - Storia del Gruppo Artiglieria "San

Giorgio" nella Decima Mas", Editoriale Lupo, 2003.
• Pignato Nicola, "Le Armi della Fanteria Italiana nella Seconda Guerra Mondiale",Albertelli Editore, 1978.
• Pignato Nicola, Cappellano Filippo, "   Dal TL 37 all'AS 43", Gruppo Modellistico Trentino, 1997.
• Pisanò Giorgio, "Storia delle Forze Armate della Repubblica Sociale Italiana", C.D.L. Edizioni, 1993.
• Stabile Tommaso, Borgatti Elvezio, "Gruppo Corazzato "M" Leonessa 1943/1945", Associazione Reduci Gruppo Corazzato "Leonessa"stampato in proprio.
• Ufficiali II Gruppo/2° Reggimento Artiglieria della Divisione "Littorio", " L'ultima difesa 1945", stampato in proprio, 1992.

RIVISTE
• "Historica Nuova" - Centro Studi di Storia Contemporanea
• "Eserciti e Armi"
• "Guerra Civile"
• "Milites"
• "Panorama Difesa"
• "R.I.D. - Rivista Italiana Difesa"
• "Raids"
• "Rivista Militare"
• "Rivista Storica"
• "SGM - Seconda Guerra Mondiale"
• "Storia del Novecento"
• "Storia del XX Secolo"
• "Storia Militare"
• "Storie & Battaglie"
• "Uniformi e Armi"
• Notiziario "Cjossul" - Associazione Reduci Reggimento Alpini Tagliamento
• Notiziario "Monterosa" - Associazione Reduci Divisione Alpina Monterosa
• Notiziario "Tagliamento" - Associazione Reduci Reggimento Alpini Tagliamento
• Notiziario "ACTA" - Istituto Storico della RSI

TITOLI GIÀ PUBBLICATI
TITLES ALREADY PUBLISHING

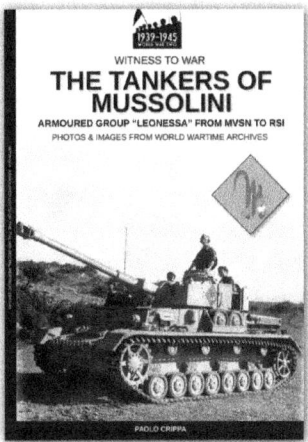

BOOKS TO COLLECT

www.ingramcontent.com/pod-product-compliance
Lightning Source LLC
LaVergne TN
LVHW081544070526
838199LV00057B/3775